PERFECȚIUNEA SOUS VIDE

100 de rețete inovatoare de gătit în vid pentru mese constant delicioase

Clara Gherghe

© Copyright 2024
- Toate drepturile rezervate.

Următoarea carte este reprodusă mai jos cu scopul de a oferi informații cât mai exacte și de încredere posibil. Oricum, achiziționarea acestei cărți poate fi văzută ca un acord cu faptul că atât editorul, cât și autorul acestei cărți nu sunt în niciun fel experți în subiectele discutate în cadrul și că orice recomandări sau sugestii care sunt făcute aici sunt doar în scopuri de divertisment. Profesioniștii ar trebui consultați după cum este necesar înainte de a întreprinde oricare dintre acțiunile aprobate aici.

Această declarație este considerată corectă și valabilă atât de către Asociația Baroului American, cât și de Comitetul Asociației Editorilor și este obligatorie din punct de vedere juridic pe întreg teritoriul Statelor Unite.

În plus, transmiterea, duplicarea sau reproducerea oricăreia dintre următoarele lucrări, inclusiv informații specifice, va fi considerată un act ilegal, indiferent dacă este făcută electronic sau tipărit. Aceasta se extinde la crearea unei copii secundare sau terțiare a lucrării sau a unei copii înregistrate și este permisă numai cu acordul expres scris al Editorului. Toate drepturile suplimentare rezervate.

Informațiile din paginile următoare sunt considerate în general o relatare veridică și exactă a faptelor și, ca atare, orice neatenție, utilizare sau utilizare greșită a informațiilor în cauză de către cititor va face orice acțiuni rezultate în exclusivitate în sarcina lor. Nu există scenarii în care editorul sau autorul inițial al acestei lucrări să poată fi în vreun fel considerat răspunzător pentru orice dificultăți sau daune care le-ar putea apărea după efectuarea informațiilor descrise aici.

În plus, informațiile din paginile următoare sunt destinate doar în scop informativ și, prin urmare, ar trebui să fie considerate universale. Așa cum se potrivește naturii sale, este prezentat fără asigurare cu privire la valabilitatea prelungită sau la calitatea sa intermediară. Mărcile comerciale care sunt menționate se fac fără acordul scris și nu pot fi în niciun fel considerate drept

Somario

INTRODUCERE..6

RULAȚI FRIPTURA ÎN PLASA DE BACON..........................8
MIEL SOUS-VIDE - FĂRĂ ARS..14
PULPO ÎN UNT CHORIZO..16
PREPELIȚĂ CU SPANAC..19
PIEPT DE CURCAN TĂIAT ÎN BLANĂ DE PIPER...............21
SOMON CU CAPERE PE SALATA..23
PIEPT DE RAȚĂ..25
OU ONSEN COPT PE SPANAC..28
RULOURI DE PUI CU PESMET..30
BUTA NO KAKUNI...32
CIUPERCI PULPE DE PUI..35
CARPACCIO DE SFECLĂ ROȘIE CU RAȚĂ ORIENTALĂ..38
FILEUL PERFECT DE VITA..41
SALATA PULPO CU SALICORNE..43
MUSCHIU DE PORC...46
RULADĂ DE VIȚEL CU RAGU DE ROȘII............................49
ENTRECOT CU GRATINAT DE CARTOFI..........................52
SALATA DE FRUCTE CU ZABAIONE..................................55
MORCOV SOUS VIDE..58
PIEPT DE PUI CROCANT CU SALATA.................................60
FILE DE VITA PE PIURE DE CARTOFI................................63
SOS OLANDEZ..66
PULLED PORC - GĂTIT SOUS VIDE.....................................68
SOMON CU MORCOVI ȘI PIURE DE MAZĂRE..................71
SPARANGHEL VERDE...74
OU POȘAT CU CLĂTITE...76
SPARANGHEL SUB VID..79
COASTE DE REZERVĂ SOUS-VIDE.....................................81
BEȚIȘOARE DE MORCOVI SOUS VIDE..............................83
FILE DE PORC DE LA SOUS VIDE..85

PIURE DE CARTOFI SOUS VIDE	87
MEDALIOANE DE PORC DIN SOUS VIDE	90
SOMON SOUS VIDE	92
PIEPT DE RATA IN SOS DE PORTOCALE	94
MILLEFOLIE DE MERE CU SOS DE FRUCTE DE PĂDURE	96
MILLEFEUILLE DE MERE CU MOUSSE	98
SOMON SOUS VIDE CU MĂRAR	101
RULADĂ DE VITĂ CU SOS DE CEAPĂ	103
MOJITO INFUZAT SOUS VIDE	105
MUSCHIU SUB VID	107
BROCCOLI SOUS VIDE ROMANESCO	110
BURGERI VEGETARIENI DE ȚELINĂ	112
ANANAS INFUZAT	114
OBRAZ DE VIȚEL CU VARZĂ	116
TOURNEDOS ROSSINI	119
GRATIN FESTONAT	122
PUI CU SOS DE BRANZA BROCCOLI	124
PIURE DE CARTOFI LA 72 DE GRADE	127
FRIPTURĂ DE CRUPĂ SOUS VIDE	130
ROAST BEEF SOUS VIDE	132
FILE DE BIZON CU FASOLE	134
FILE DE SOMON SOUS VIDE	136
COASTĂ DE VITĂ - GĂTITĂ SOUS VIDE	138
FILE DE PORC CU CREMA DE TARHON	140
COD-SOUS-VIDE	142
BURTA DE PORC GĂTITĂ SOUS-VIDE	144
RULA DE RAȚĂ SOUS-VIDE	146
ȘA DE PORC SOUS VIDE	148
PULPĂ DE MIEL GĂTITĂ SOUS VIDE	150
PULPE DE RAȚĂ ÎNCHISE SOUS-VIDE	152
SPARANGHEL CU CURRY ROSU	154
FILE FIERT	156
PUI CU VANILIE CU MORCOVI CU MIERE	158
FRIPTURĂ DE VITĂ SOUS VIDE CU VIN ROȘU	160
SOMON SUB VID GĂTIT	162

BURTA DE PORC SOUS VIDE..164
FILE DE VITĂ ÎNTREG DUPĂ SOUS VIDE..................................166
FRIPTURĂ DE CRUPĂ À LA CU CIABATTA...................................168
PULPA DE PUI SOUS VIDE..170
PICIOR DE CAPRĂ SUB-VIDE..172
FILET GREȘIT GĂTIT SOUS VIDE..174
MUSCHIȚĂ DE VITĂ GĂTITĂ SOUS VIDE....................................176
CARTOFI CU YUZU FERMENTAT...178
SPARANGHEL ALB SOUS VIDE...180
PIEPT DE GÂSCĂ SĂLBATICĂ SOUS VIDE..................................182
IEPURE SOUS-VIDE...184
PULPĂ DE MIEL SOUS VIDE..186
FILE DE CROCODIL SOUS-VIDE...188
 SOMON CU CREMA DE BRANZA..190
PULPĂ DE GÂSCĂ SOUS VIDE..192
PIEPT DE GÂSCĂ SOUS VIDE...194
ROAST BEEF MATURAT USCAT, SOUS VIDE..............................196
PASTRAV SOMON PE PAT DE LEGUME.....................................198
SPATE ȘI PICIOARE DE IEPURE CU STOC.................................201
SALATĂ GRECEASCĂ SOUS VIDE...205
CARNE DE VITĂ SOUS-VIDE STIL PICANHA..............................207
PULLED PORC SOUS VIDE ÎN STIL ASIATIC..............................209
OUĂ SOUS-VIDE..213
PULPĂ DE MIEL SOUS VIDE...217
LEGUME BOIA SUB VID..219
FENICUL DE ȘOFRAN SOUS VIDE...221
ROAST BEEF CU CRUSTA DE NUCA..223
FILE DE VITĂ, FĂRĂ A SE PRĂJI...225
FRIPTURĂ DE TON PE SPANAC DE COCOS...............................227
PIEPT DE RAȚĂ À L'ORANGE...229
SAU DE MIEL CU GRATINAT DE CARTOFI................................231
MIEL LA GRĂTAR..233

CONCLUZIE..235

INTRODUCERE

Sous vide (franceză), cunoscută și sub denumirea de gătit de lungă durată la temperatură joasă, este o metodă de gătit în care alimentele sunt plasate într-o pungă de plastic sau într-un borcan de sticlă și gătite într-o baie de apă timp de gătit mai lung decât de obicei (de obicei, 1 până la 7 ore , până la 72 de ore sau mai multe în unele cazuri) la o temperatură reglată cu precizie.

Gătitul sous vide se face în mare parte folosind mașini cu circulație cu imersie termică. Temperatura este mult mai scăzută decât cea utilizată de obicei pentru gătit, de obicei în jur de 55 până la 60 ° C (130 până la 140 ° F) pentru carnea roșie, 66 până la 71 ° C (150 până la 160 ° F) pentru păsări și mai mare pentru legume. Intenția este de a găti produsul în mod uniform, asigurându-vă că interiorul este gătit corespunzător, fără a suprăgăti exteriorul și de a păstra umiditatea.

Gătitul sous vide este mult mai ușor decât ați crede și, de obicei, implică trei pași simpli:

- Atașați aragazul de precizie la o oală cu apă și setați timpul și temperatura în funcție de nivelul dorit de coacere.
- Puneți mâncarea într-o pungă sigilabilă și fixați-o pe marginea oalei.
- Terminați prin prăjirea, grătarul sau prăjirea alimentelor pentru a adăuga un strat exterior crocant și auriu.

Cu un control precis al temperaturii în bucătărie, sous vide oferă următoarele beneficii:

- Consecvență. Deoarece gătiți mâncarea la o temperatură precisă pentru o perioadă precisă de timp, vă puteți aștepta la rezultate foarte consistente.
- Gust. Mâncarea se gătește în sucurile ei. Acest lucru asigură că alimentele sunt umede, suculente și fragede.
- Reducerea deșeurilor. Mâncarea preparată în mod tradițional se usucă și duce la risipă. De exemplu, în medie, friptura gătită în mod tradițional își pierde până la 40% din volum din cauza uscării. Friptura gătită prin gătit de precizie, nu își pierde nimic din volum.
- Flexibilitate. Gătitul tradițional poate necesita atenția ta constantă. Gătitul de precizie aduce alimentele la o temperatură exactă și o menține. Nu există nicio grijă cu privire la supragătirea.

- **Rulați friptura în plasa de bacon**

Ingrediente pentru 10 portii
- 4 kg muschi de porc
- Pachet 2 crema de branza (corona de crema de branza)
- Piper
- 2 Cepe
- 6 linguri. Freacă (frec cu boia) sau condimente la alegere
- 500 g Bacon, feliat, ceva mai gros
- 200 g brânză Cheddar, dintr-o bucată
- 250 g carne de vita tocata
- 250 ml sos gratar

Pregătirea
Timp total aprox. 2 zile 1 ora 30 minute
Veți avea nevoie de sfoară de bucătărie pentru legare, o mașină de gătit sous vide și un aparat de etanșare cu vid, inclusiv folie de etanșare.

Tăiați somonul de porc cu o tăietură fluture, astfel încât să se creeze o felie de carne mare și plată (a face acest pas mai aproape ar depăși scopul. Există numeroase videoclipuri pe Internet, unde acest lucru este descris foarte frumos. Chiar nu este știința rachetelor). Dacă este necesar, bateți din nou cu fragezitorul de carne sau cu o cratiță ca un șnitel.

Între timp, tăiați ceapa fâșii sau rondele și puneți-le într-un bol. Se adauga doua linguri din amestecul de condimente si se framanta bine pana ce ceapa isi pierde structura rigida. Întindeți frecarea rămasă pe suprafața cărnii. Întindeți toată crema de brânză pe suprafața cărnii și neteziți. Scoateți aproximativ 18 fâșii de slănină din ambalaj și întindeți-le una lângă alta pe crema de brânză. Întindeți ceapa condimentată pe toată suprafața. Tăiați aprox. 2,5 - 3 cm lățime, fâșii alungite din blocul de brânză. Așezați aceasta pe una dintre cele două laturi mai lungi de pe marginea suprafeței cărnii. Rulați suprafața cărnii pornind de la brânza cheddar într-un cârnați într-un mod strâns și cu puțină presiune. Legați friptura în aproximativ 4 locuri cu sfoară de bucătărie, astfel încât să nu se destrame.

Puneți friptura în punga de etanșare și aspirați. Gătiți aproximativ 24 de ore într-o baie sous vide la 60 ° C.

A doua zi, așezați o plasă de slănină din restul de slănină (sfatul meu cu videoclipul de pe internet se aplică și aici). Rulați friptura în ea. Sigilați capetele cu carnea tocată asezonată cu frec, astfel încât brânza topită să nu se termine. Ungeți cu sos grătar.

Se prăjește în cuptorul preîncălzit la 150 ° C pe grătarul șinei din mijloc. Este recomandabil să glisați o foaie de copt sub grătar pentru a prinde sosul și grăsimea care picură. După aproximativ 30 de minute, glazurați din nou friptura. După alte 30 de minute, sosul este uscat până la un finisaj lucios și friptura este gata.

Ultimul pas poate fi efectuat și cu căldură indirectă pe grătarul cu cărbune sau pe gaz. Am făcut asta și am afumat friptura între timp. Totuși, varianta cu cuptorul este aproape la fel de gustoasă.

- **Piept de pui în ierburi-muștar**

Ingrediente pentru 4 portii

Pentru carne:

- 2 mari piept de pui fara piele
- 1 catei de usturoi
- 1 Rozmarin
- 3 foi de dafin
- 25 g unt
- Sare de mare și piper

Pentru sos:

- 25 g unt
- 1 ceapa mica
- 1 catei mici de usturoi
- 2 linguri. Făină
- 50 ml vin alb, sec
- 250 ml supa de pui
- 5 fire de șofran
- 200 ml crema
- Ierburi, amestecate, la alegere
- 1 lingurita mustar
- Amidon alimentar
- Zahăr
- Suc de lamaie
- Sare si piper
- 2 discuri Gouda, evul mediu

Pregătirea

Timp total aprox. 1 oră 23 minute

Preîncălziți baia Sous Vide la 65 ° C.

Înjumătățiți pieptul de pui pe lungime, astfel încât să se creeze două cotlet mici. Se sare, se pipereaza și se pune într-o pungă sous vide. Curățați și feliați usturoiul. Se intinde pe carne impreuna cu rozmarinul, foile de dafin si untul. Aspira totul și 30 min. Gătiți într-o baie de apă.

Topiți untul și fierbeți ceapa și usturoiul tocate mărunt până devin translucide. Pudrați cu făină și deglasați cu vin alb și bulion. Adăugați șofranul și totul aproximativ 15 min. se fierbe la foc mic. Scoateți carnea din baia Sous Vide și punga și puneți-le într-o tavă de copt.

Adăugați smântâna, ierburile și muștarul în sos. Se toarnă bulionul din pungă printr-o strecurătoare de păr fină în sos, dacă este necesar, se leagă cu amidon și se condimentează cu sare, piper, zahăr și zeamă de lămâie. Dacă doriți, puteți adăuga ierburile doar la sfârșit și treceți scurt sosul în prealabil.

Se toarnă puțin sos peste carne, nu trebuie acoperită complet și acoperită cu o jumătate de felie de brânză pentru aproximativ 7 - 8 min. gatiti la foc maxim.

Servește sosul rămas în plus.

Se potrivește bine cu orez și salată, dar și cu cartofi sau paste.

- **Miel sous-vide - fără ars**

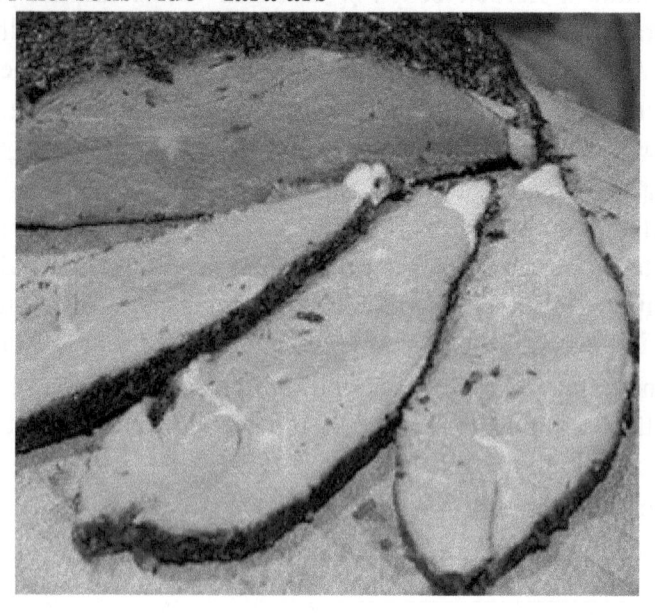

Ingrediente pentru 4 portii
- 4 solduri de miel, 180 g fiecare
- 3 linguri. grămezi din Provence
- 2 linguri. ulei de măsline

Pregătirea
Timp total aprox. 2 ore 10 minute
Preîncălziți un cuptor sous vide adecvat la 54 °C.
Întoarceți mai întâi șoldurile de miel în ierburi, apoi puneți uleiul într-o pungă potrivită pentru sous vide și vid. Carnea trebuie să fie la temperatura camerei.
Se lasa sa fiarba pe baie de apa timp de 2 ore.
Sfat: O plăcere chiar și atunci când este frig.

- **Pulpo în unt chorizo**

Ingrediente pentru 4 portii
- 400 g Caracatiță, (Pulpo), gata de gătit
- 1 cățel de usturoi, în felii mari
- 1 frunză de dafin
- 50 ml vin roșu, sec
- 2 linguri. ulei de măsline
- 1 ardei gras mare, rosu
- 200 g roșii cherry, tăiate la jumătate
- 100 g unt
- 100 g Chorizo, în felii subțiri
- 1 cățel de usturoi, tăiat mărunt
- Sare afumată
- Pudră de chili
- Sare de mare
- Ulei

Pregătirea
Timp total aprox. 2 ore 20 minute
Prăjiți ardeii într-un cuptor încălzit la 200 ° C până când pielea devine neagră și se îndepărtează ușor. Ardeii decojiți și fără sâmburi tăiați grosier și puneți cuptorul la 150 ° C. Înjumătățiți roșiile cherry, puneți suprafața tăiată pe o tavă de copt bine unsă cu ulei, stropiți cu sare de mare și introduceți la cuptor.
Aspirați pulpa împreună cu feliile de usturoi, dafinul, vinul roșu și uleiul de măsline și puneți-le într-o baie de apă încălzită la 72°C (baie sous-vide). Pulpo și roșiile durează ambele aproximativ 1,5 ore.
Cu puțin timp înainte de sfârșitul timpului de gătire, topiți untul într-o tigaie nu prea fierbinte și prăjiți ușor feliile de chorizo și cuburile de usturoi. Se adaugă boia de ardei praf, cubulețe de boia de ardei și roșiile cherry, se amestecă cu grijă și se condimentează cu sare afumată și praf de chili, apoi se ia de pe foc.

Scoateți pulpa din infuzie, uscați, tăiați în felii de aproximativ 5 mm grosime și adăugați la untul chorizo .

Pentru a se potrivi: bagheta proaspata, cartofi copti cu rozmarin, ravioli umplute cu bacon si ricotta.

Deoarece un pulpo cântărește de obicei mult mai mult de 400 g, mai multe porții pot fi gătite în baia sous-vide în același timp, răcite în apă cu gheață timp de cel puțin 10 minute și apoi congelate rapid. Dacă este necesar, regenerați într-o baie fierbinte la 70 ° C.

- **Prepeliță cu spanac**

Ingrediente pentru 1 portie
- 1 Prepeliță
- 1 file de piept de pui
- 50 g spanac, albit
- 150 ml crema
- 100 g varză murată
- 20 g morcov, tăiat mărunt
- 20 g zahăr snap
- 10 g Hrean, proaspăt
- 4 mici Cartofi, gătiți făinoase, deja fierte
- Ierburi după gust
- Sare si piper
- Unt clarificat

Pregătirea

Timp total aprox. 2 ore

Tăiați pieptul de pui în bucăți și faceți piure cu spanacul. Asezonați farsa cu sare și piper.

Desprindeți carnea de prepeliță de os și sărați-o ușor. Întindeți sânii pe o folie de vid. Întindeți deasupra farsa de spanac și acoperiți totul cu pulpele de prepeliță. Înfășurați în folie și formați o rolă. Acum aspirați rulada și puneți-o într-o baie de apă la 58 ° C. Lăsați-o la infuzat aproximativ 1 oră.

Între timp, încălziți varza murată proaspătă cu smântână, adăugați morcovii albiți și tăiați cubulețe, mazărea de zahăr și cartofii fierți. Aduceți totul la fiert pentru scurt timp și apoi condimentați cu hrean.

Scoateți folia de pe rulada de prepeliță. Prăjiți scurt rulada cu ierburi de jur împrejur.

Tăiați în felii și serviți.

- Piept de curcan tăiat în blană de piper

Ingrediente pentru 4 portii
- 1 kg piept de curcan
- 6 linguri. friptura de ardei
- 2 linguri. zahăr crud din trestie

Pregătirea

Timp total aprox. 6 ore

Amestecați ardeiul de friptură și zahărul brut. Întoarceți pieptul de curcan în amestec și apăsați bine. Aspirați totul într-un singur sac. Preîncălziți dispozitivul sous-vide la 80 de grade. Puneti punga in baia de apa pentru aprox. 4 ore.

Scoateți și lăsați să se răcească în pungă. Când pieptul de curcan este rece, se usucă, se taie în felii subțiri (metușuri).

Merge bine cu sparanghelul.

- **Somon cu capere pe salata**

Ingrediente pentru 2 portii
- 300 g file de somon fără coajă
- 2 linguri. capere
- ½ pachet de mărar
- 1 pungă Salată verde, amestecată
- 1 m Ceapă, roşie
- 2 linguri. Balsamic, întunecat
- 1 lingura. sos de peste
- 1 lingura. Ulei de măsline
- 1 lingurita piper

Pregătirea

Timp total aprox. 50 de minute

Toacă mărunt 1 lingură. capere şi mărar. Ungeţi somonul cu acest amestec. Pune somonul intr-o punga sous vide si intr-o baie de apa la 55 de grade timp de 35 min. ferment.

Tăiaţi ceapa rondele fine şi tăiaţi caperele rămase, apoi amestecaţi cu oţetul balsamic, sosul de peşte, uleiul de măsline şi piperul.

Scoateţi somonul din pungă şi împărţiţi-l în bucăţi mari. Amestecaţi salata cu sosul şi puneţi deasupra somonul călduţ.

- **Piept de rață**

Ingrediente pentru 2 portii
- 2 File de piept de rata cu piele
- 50 g morcov, tăiat mărunt
- 50 g rădăcină de pătrunjel, tăiată mărunt
- 50 g Șoală, tăiată mărunt
- 50 g măr, tăiat cubulețe mici
- 50 g prune uscate, tăiate mărunt
- 1 deget de usturoi, tăiat mărunt
- 20 g ghimbir, tăiat mărunt
- 100 ml bulion sau bulion de legume, nesărat
- 50 ml Sos de soia, închis, preparat natural
- 3 linguri. suc de lamaie
- 1 linguriță, pudră de boia dulce, dulce nobil
- ½ linguriță de piper, alb, măcinat fin
- Grăsime de rață
- Sare

Pregătirea

Timp total aprox. 2 ore 35 minute

Prăjiți toate ingredientele mici tăiate cubulețe într-o cratiță unsă cu unt, amestecând de mai multe ori. Se poate forma un set ușor de prăjire. Deglazează cu bulion, sos de soia și zeamă de lămâie și slăbește cu o lingură de lemn. Se amestecă ardeii și piperul. Acum lăsați sosul să fiarbă ușor timp de aproximativ 10 minute. Se amestecă apoi cu un blender de mână și se lasă să se răcească puțin.

Clătiți fileurile de piept de rață, uscați cu hârtie de bucătărie și tăiați pielea în formă de romb cu un cuțit ascuțit. Asigurați-vă că nu tăiați carnea. Umpleți fileurile cu sosul răcit într-o pungă rezistentă la vid și aspirați.

Acum umpleți o oală din fontă cu apă, puneți un termometru în ea și încălziți apa la 62 ° C pe câmpul de inducție. Când temperatura este atinsă, introduceți punga sigilată și închideți vasul. Acum este important să monitorizați temperatura apei timp de 120 de minute. Nu este o problemă pe aragazul cu inducție pentru a menține temperatura stabilă.

Dupa 2 ore scoatem punga, se usuca putin carnea, se pune sosul intr-o cratita si se tine la cald. Prăjiți carnea într-o tigaie fierbinte, unsă cu unt pe partea de piele, timp de 1 min. Și pe partea de carne timp de 30 - 45 de secunde.

Aranjați cu sosul și serviți cu orez, paste sau tot felul de cartofi.

- **Ou onsen copt pe spanac**

Ingrediente pentru 2 portii
- 4 ouă, de cea mai bună calitate
- 80 g Spanac, congelat
- 10 g ceapă, tăiată mărunt
- 20 g morcov
- 50 g crabi de la Marea Nordului
- 40 g crema de branza
- 50 g unt
- 50 g Panko
- Sare si piper
- Nucşoară
- Suc de lamaie

Pregătirea
Timp total aprox. 1 oră 10 minute
Un ou onsen este un ou care se găteşte în izvoare fierbinţi japoneze, aşa-numitul onsen, la temperaturi cuprinse între 60 şi 70 ° C. Ca urmare, gălbenuşul de ou se găteşte, dar nu şi albuşul - pentru că asta durează cel puţin 72. °C.
Setaţi dispozitivul sous vide la 63 ° C, iar când temperatura este atinsă, gătiţi ouăle într-o baie de apă timp de 60 de minute la 63 ° C.
Între timp, tăiaţi mărunt ceapa şi morcovii, puteţi adăuga şi alte legume precum ardei sau ciuperci, adăugaţi spanacul şi gătiţi. Se condimenteaza bine cu sare, piper si nucsoara.
Se amestecă crabii cu crema de brânză. Eventual reajustaţi consistenţa cu un strop de suc de lămâie, dacă este necesar condimentaţi cu sare şi piper – în funcţie de gust.
Scoateţi ouăle din coajă, ştergeţi cu grijă excesul de albuş cu degetul. Lasă afară untul în tigaie. Rulaţi gălbenuşul de ou în panko şi prăjiţi pentru scurt timp până devine auriu pe ambele părţi.

- **Rulouri de pui cu pesmet**

Ingrediente pentru 4 portii
- 4 Piept de pui sau pulpe
- 250 g chifla
- 1 ou
- 100 ml lapte
- Sare si piper
- Ierburi, amestecate

Pregătirea

Timp total aprox. 3 ore 30 minute

Declanşaţi pieptul sau pulpele de pui şi lăsaţi pielea cât mai întreagă posibil.

Faceţi găluşte din cuburi de pâine, ou, lapte şi condimente. Se amestecă totul şi se lasă la infuzat.

Puneţi carnea pe o folie alimentară, condimentaţi şi acoperiţi cu găluşte. Se formează o rolă, se pune pe piele şi se înfăşoară cu folie alimentară.

Aspiraţi şi gătiţi într-o baie de apă la 68 ° C timp de aproximativ 3 ore.

Scoateţi din folie şi fie prăjiţi pentru scurt timp în cuptorul preîncălzit la 220 °, fie aprindeţi cu arzătorul pe gaz.

Tăiaţi deschis şi serviţi.

De asemenea, rece sau caldă ca aperitiv sau cu bufete.

- **Buta no kakuni**

Ingrediente pentru 6 portii
- 1 kg Burta de porc dezosata
- 100 ml sos de soia
- 100 ml Mirin
- 100 ml sake
- 2 linguri. sos de peste
- 3 linguri. zahăr
- 3 catei de usturoi
- 6 cm rădăcină de ghimbir
- 3 cepe de primăvară

Pregătirea
Timp total aprox. 1 zi 12 ore 40 minute
Taiati mai intai burta de porc, ideal sa aiba aceleasi straturi de grasime si carne, taiata in cca. cuburi de 3 cm. Burta poate fi preparată în același mod cu sau fără coajă.
Mai întâi puneți cuburile cu partea grasă în jos într-o tigaie fierbinte și prăjiți-le energic. Deoarece unele grăsimi se dizolvă imediat, nu este nevoie de grăsime suplimentară. Se prăjește apoi din cealaltă parte și se scoate din tigaie.
Amestecă mirinul, sake-ul, sosul de soia, zahărul și puțin sos de pește. Curățați și feliați usturoiul și ghimbirul, tocați grosier ceapa primăvară.
Aspirați totul împreună cu cuburile de burtă de porc și lăsați-l la macerat în aragazul sous vide la 64 de grade timp de 36 de ore. Desigur, este și mult mai rapid dacă alegi o temperatură mai mare, dar atunci grăsimea nu se transformă într-un smalț pur și delicat atât de ideal.
Când timpul de gătire a trecut, scoateți cuburile de carne din pungile de gătit și țineți-le calde la cuptor la 65 ° C. Lăsați lichidul de gătit să reducă din nou până începe să devină gros.
Pentru a servi, acoperiți bucățile de burtă de porc subțire cu sosul foarte aromat.

Buta no Kakuni se traduce din japoneză pur și simplu cuburi de burtă de porc gătite ușor. Variațiile acestui fel de mâncare constau în special în marinada / lichidul de gătit și timpul de gătire. Datorită gătirii lente dorite, rețeta este potrivită în special pentru aragazul sous vide.

- **Ciuperci pulpe de pui**

Ingrediente pentru 2 portii

Pentru pansament:
- 1 suc de portocale, suc din acesta, aprox. 100 ml
- 50 ml otet balsamic de Modena
- 1 ardei iute, rosu
- 2 linguri. Ulei de măsline, virgin

Pentru marinata:
- 70 ml sos de soia
- 10 ml oțet de orez
- Sos Worcestershire, câteva picături din el
- 1 lingura Mix de condimente (praf de boia de ardei, pudră de coriandru, zahăr brun)
- 2 degete usturoi, mai proaspăt
- 6 Tobe de pui
- Pentru salata:
- 75 g Salata de porumb, curatata si spalata
- 1 Ceapa, ed
- 1 ardei gras, rosu
- 1 buchet Coriandru, mai proaspat

Pentru legume:
- 400 g ciuperci, proaspete
- 1 lingura. Miere
- 1 lingura. Migdale, tocate
- Unt sau ulei limpezit pentru prăjit
- În plus:
- Sare si piper

Pregătirea

Timp total aprox. 10 ore

Pentru marinada cu sos de soia, o strop de otet de orez (aprox. 10 ml) si cateva picaturi de sos Worcestershire, amestecati intr-un recipient potrivit. Adăugați zahăr brun, miere, praf de boia de ardei și pudră de coriandru după gust (1 linguriță). La sfârșit, curățați usturoiul proaspăt și apăsați-l în marinadă. Amestecați pulpele de pui cu marinada și lăsați-le la rece cel puțin 30 de minute - de preferință peste noapte. Nu există limite pentru marinada în sine. Principalul lucru este că are un gust bun.

Pentru dressing, amestecați sucul sucului de portocale proaspăt stors într-un raport de 2:1 cu oțet balsamic. Mijloace: 100 ml suc de portocale pe 50 ml otet balsamic. Apoi adăugați un ardei iute tocat mărunt și puțină sare și piper la dressing. La final, amestecați uleiul într-o vinegretă.

Această cantitate oferă dressing pentru aproximativ 4 porții. Îmi place să-l păstrez și apoi să îl folosesc a doua zi.

Se spala si se curata salata de miel si se amesteca cu o jumatate de ceapa rosie tocata marunt (in functie de marime si gust, bineinteles) si un ardei. Smulgeți coriandru și amestecați de asemenea. Sare si piper.

Curățați ciupercile, tăiați-le felii și fierbeți-le într-o tigaie încinsă - de preferință în unt limpezit, dar este posibil și ulei. Sare si piper. Adăugați puțină miere și stropiți cu migdale și glazurați ciupercile sub tigaie.

Scurgeți bine puiul după marinare și aspirați, apoi fierbeți la 73,9 grade Celsius timp de 1 oră. Tăiați punga într-un colț și turnați lichidul. Întindeți pulpele pe o foaie de copt și fie le strângeți scurt sub grătar sau (cum am făcut eu) le ardeți cu un arzător Bunsen.

Se unge cu un sos rămas și se servește fierbinte lângă salată de miel și ciuperci.

Sfat: De asemenea, puteți coace puiul la cuptor.

- **Carpaccio de sfeclă roșie cu rață orientală**

Ingrediente pentru 2 portii
- 2 tuberculi de sfecla rosie
- 1 pachet brânză Feta
- 1 linguriță, muștar de Dijon plin
- 1 lingurita miere
- 1 legătură Coriandru, alternativ pătrunjel cu frunze plate
- 2 linguri. Balsamic, mai ușor
- 2 linguri. Ulei de nucă sau ulei de susan, alternativ ulei de măsline
- 2 linguri. Cointreau, alternativ suc de portocale
- Sare si piper
- 1 mână de nuci de pin, alternativ nuci de nucă
- 1 lingura. boabe de piper
- 2 Garoafe
- 1 lingurita scortisoara
- 1 lingurita pudra de cardamom
- 5 Ienibahar
- 12 semințe de coriandru
- ½ linguriță pudră de chili
- ½ lingurita boia
- ½ linguriță pudră de ghimbir
- 1 piept de rata
- Unt clarificat

Pregătirea

Timp total aprox. 50 de minute

Sfecla rosie in apa sarata aprox. 20 min. gatiti, lasati sa se raceasca si taiati felii fine. Alternativ, folosiți sfeclă roșie prefiartă.

Tăiați feta în felii subțiri. Pregătiți farfuriile cu sfeclă roșie și feta.

Pentru dressing, amestecați miere, oțet balsamic, suc de portocale, muștar, asezonați cu sare și piper măcinat.

Prăjiți condimentele rămase în tigaie fără ulei, lăsați-le să se răcească puțin, apoi mojar. Puneți amestecul de condimente într-o pungă de congelator, adăugați pieptul de rață. Aspirați aerul din sac și înnodați-l. Turnați apă clocotită peste pungă într-o cratiță, 10 min. Se lasa la infuzat, se toarna apa si se toarna din nou apa clocotita peste ea, se lasa din nou la infuzat timp de 10 minute.

Prăjiți nuci de pin sau miez de nucă în acest timp. Pune-le pe farfurii. Tăiați grosier coriandru sau pătrunjelul.

Scoate pieptul de rata din punga congelatorului si pune-l in unt limpezit sau similar. Se prăjește 4-5 minute pe fiecare parte. Puneți sosul în dressing. Lăsați carnea să se odihnească puțin și tăiați-o cât mai subțire. Pune feliile pe farfurii.

Turnați dressingul peste carpaccio. Întindeți ierburile tocate pe farfurii.

- **Fileul perfect de vita**

Ingrediente pentru 1 portie
- 1 carne de vită
- 2 catei de usturoi
- 3 Rozmarin
- 7 ciuperci
- 2 cepe de primăvară
- Ulei pentru prajit
- Sare si piper

Pregătirea

Timp total aprox. 2 ore 15 minute

Despachetați fileul de vită și uscați-l, apoi sigilați-l cu rozmarin și usturoi curățat într-o pungă de vid. Puneți punga în baia sous vide la 53 - 54 ° C. Carnea rămâne aici timp de 2 ore.

Curățați ciupercile și ceapa primăvară și tăiați-le în bucăți. Când carnea iese din baie, puteți începe să pregătiți garnitura astfel încât să mai aibă o mușcătură și să nu fie complet coptă.

Scoateți carnea din pungă și puneți-o pe grătar folosind metoda flip-flip, adică întoarceți la fiecare 20 - 30 de secunde până când se formează o crustă frumoasă.

Prăjiți ciupercile și ceapa primăvară timp de aproximativ 5 - 10 minute în tigaia încinsă și asezonați doar cu puțin piper și sare.

- **Salata Pulpo cu salicorne**

Ingrediente pentru 4 portii
- 400 g calmar (tentacul de pulpă)
- 5 cl Noilly Prat
- 5 cl ulei de măsline, blând
- 150 g Queller (Salicorne)
- 12 roșii cherry
- 30 g fistic
- 1 Ceapa, ed
- 1 mână de sare
- Sare de mare, grosieră
- Pentru vinegreta:
- 4 cl otet de Sherry
- ½ catei de usturoi
- 8 cl ulei de măsline, blând
- 1 lingura mustar de Dijon
- Piper (piper de munte Tasmanian), proaspăt măcinat
- Zahăr
- Sare

Pregătirea

Timp total aprox. 5 ore 30 minute

Aspirați tentaculele pulpei împreună cu Noilly Prat și uleiul de măsline și gătiți într-o baie de apă la 77 ° C timp de 5 ore. Alternativ, gătiți tentaculele împreună cu ulei și Noilly Prat într-o prăjitor la cuptor la aproximativ 90 ° C - cu toate acestea, carnea nu capătă aceeași consistență rezistentă la mușcătură, dar fragedă ca în metoda sous-vide.

Între timp, acoperiți gros fundul unei forme de copt sau a unei foi de copt cu sare de mare grunjoasă, puneți roșiile tăiate pe jumătate pe sare cu suprafața tăiată în sus și uscați la cuptor la 110 ° C pentru aproximativ 2 ore. Roșiile trebuie reduse la aproximativ jumătate din volum. Apoi scoateți din cuptor, lăsați să se răcească și îndepărtați cu grijă sarea. Sarea poate fi reutilizată „pentru totdeauna" pentru procese similare de uscare.

Se albesc salicornele scurt in apa clocotita, se racesc repede si se usuca.

Se prajesc boabele de fistic uscate in cuptor la aproximativ 150°C pana la gradul dorit de prajire (niciodata atat de mult incat sa isi piarda culoarea verde) si se lasa sa se raceasca.

Tăiați ceapa rondele subțiri, amestecați cu o mână de sare și lăsați-o la infuzat timp de o oră. Apoi clătiți cu atenție și înmuiați în cel puțin un litru de apă rece timp de încă o oră. Scurgeți apa și uscați cu grijă ceapa.

Se zdrobește fin usturoiul și se bate cu oțetul de sherry, uleiul de măsline și muștarul într-o emulsie. Se condimentează bine cu piper de munte, zahăr și sare. Ardeiul de munte - care de fapt nu este deloc piper - ar trebui să aibă un gust clar cu notele sale florale, fructate.

La sfârșitul timpului de gătire, scoateți punga Pulpo din baia de apă și răciți rapid în apă cu gheață. Tăiați tentaculele în bucăți aspre și serviți cu componentele rămase.

- **Muschiu de porc**

Ingrediente pentru 3 portii
- 500 g file de porc (friptură de porc)
- 750 g cartofi
- 750 g morcovi
- Topiți untul
- Sare si piper
- Zahăr

Pregătirea

Timp total aproximativ 2 ore 30 minute

Ungeți carnea cu unt topit, sare și piper. Înfășurați multe, multe straturi de folie alimentară și asigurați-vă că nu există aer sub folie. Apoi înnodați capetele filmului de mai multe ori pe ambele părți.

Carnea ar trebui de fapt sigilata cu un dispozitiv de vid, dar cei care nu au un astfel de dispozitiv pot folosi metoda foliei alimentare. Este important ca carnea să fie absolut sigilată, deci este mai bine să folosiți prea multă folie decât nu suficientă.

Puneți o oală cu apă și încălziți la exact 60 ° C. La o sobă electrică aceasta este între nivelurile 1 și 2 (din 9). Menținerea exactă a acestei temperaturi este foarte importantă pentru rezultat, așa că planificați ceva timp pentru temperare! Apoi puneți carnea ambalată în oală și lăsați-o să fiarbă două ore fără capac. Apoi se topește untul într-o tigaie de fontă foarte fierbinte pentru câteva secunde și se caramelizează carnea în ea, astfel încât să rezulte o crustă maronie frumoasă.

Pentru cartofii prajiti taiati cartofii cubulete de aprox. 1 cm lungime (sau folosiți cartofi baby foarte mici și tăiați cubulețe) și puneți-i într-o tigaie cu apă rece. Aduceți apa la fiert și gătiți cartofii timp de două minute, apoi strecurați.

Topiți untul într-o tigaie de fontă foarte fierbinte și prăjiți cartofii până devin frumoși și rumeniți. Se pune apoi tava cu cartofii la cuptorul preincalzit la 180°C. Se prajesc cartofii pana sunt gata.

Pentru morcovii caramelizați, tăiați morcovii în cruce în bucăți de aproximativ 2 cm lungime și apoi tăiați-i în sferturi. Turnați suficientă apă într-o tigaie acoperită, astfel încât fundul să fie doar acoperit. Adăugați fulgi de unt, zahăr și morcovi. Se fierbe până se face sirop maro și se învârtește morcovii în el.

- **Ruladă de vițel cu ragu de roșii**

Ingrediente pentru 4 portii
1. 8 Ruladă, din vițel
2. 1 ramură de rozmarin
3. 150 g rosii, uscate, murate in ulei
4. 2 catei de usturoi
5. 50 g măsline, negre
6. 100 g parmezan, dintr-o bucată
7. 3 bucăți file de hamsii
8. 2 lingurite capere
9. Sare
10. Piper din râșniță
11. Pentru ragou:
12. 500 g rosii cherry
13. 1 ramură de rozmarin
14. Oregano
15. Busuioc
16. 4 linguri ulei de masline

Pregătirea

Timp total aprox. 1 oră 40 de minute

Preîncălziți un aragaz la temperatură joasă (aragaz sous vide) la 58 ° C pentru rulade. În timp ce se încălzește, se spală rozmarinul, se usucă, se smulge acele și se toacă mărunt. Scurgeți roșiile uscate și curățați usturoiul. Tăiați roșiile, usturoiul, caperele, fileurile de hamsii și măslinele în cuburi foarte mici și parmezanul se rade grosier. Pentru farsa se pun toate ingredientele preparate cu exceptia rosiilor intr-un castron sau in mojar cu putin ulei si se amesteca energic intr-un fel de terci, astfel incat toate ingredientele sa fie amestecate.

Așezați feliile de carne una lângă alta pe o suprafață de lucru. Perie cu farsa, lasand marginile libere. Rulați carnea din partea îngustă. Fie individual, fie max. Aspirați 2 rulade într-o pungă. Gătiți în cuptorul la temperatură scăzută timp de 1 oră.

Scoateți ruladele, asezonați cu sare și piper și soțiți foarte scurt pe toate părțile într-o tigaie.

Pentru raguut de roșii, spălați roșiile și ierburile și uscați-le cu agitare. Smulgeți acele sau frunzele și tăiați-le mărunt. Pune roșiile împreună cu ierburile într-un sac de vid și asezonează ușor cu sare și piper. Gătiți în cuptorul la temperatură joasă la 85 ° C timp de 40 de minute.

- **Entrecot cu gratinat de cartofi**

Ingrediente pentru 2 portii
Pentru carne:
- 500 g entrecot
- 4 crengute de rozmarin
- 4 crengute de cimbru
- 2 foi de dafin
- 50 g unt

Pentru gratinat:
- 900 g cartofi cerati
- 450 ml frisca
- 1 catel de usturoi
- 250 g branza gratinata
- 3 praf de sare, piper, nucsoara
- 3 shot-uri de vin alb

Pregătirea

Timp total aprox. 90 de minute

Se încălzeşte baia de apă la temperatura dorită. Preîncălziţi cuptorul la 180 ° C (cuptor ventilat).

Pune entrecotul cu rozmarin, cimbru, foi de dafin si untul in punga de vid si amesteca totul bine.

Aspiraţi carnea, puneţi-o în baie de apă şi lăsaţi-o să fiarbă 70 de minute.

Curatam cartofii, injumatati si taiati felii subtiri (lasati cartofii taiati in forma lor, nu ii despartiti).

Tăiaţi căţelul de usturoi în jumătate şi frecaţi generos un vas de copt.

Puneţi jumătăţile de cartofi tăiate în tava de copt. Când podeaua este acoperită, stivuiţi calm unul peste altul. Se toarnă smântână şi vin peste el, se condimentează cu sare, piper (cartofii pot lua multă sare) şi se rade nucşoară peste el. Presăraţi brânză peste amestecul de cartofi-smântână şi introduceți vasul de copt în cuptorul preîncălzit pentru 60 de minute.

Încinge tigaia la cea mai mare setare, dacă începe să fumeze, se adaugă untul și friptura și se prăjește scurt pe toate părțile până se formează o crustă uniformă. Preîncălziți aparatul la cea mai mare flacără pentru preparare în vită. Reglați inserția astfel încât carnea să fie la 1 cm distanță de arzător. Se pune gratarul in carne si in functie de grosime se friptura 15-30 de secunde pe fiecare parte.

Se pune carnea pe o farfurie preincalzita, se sare si se serveste cu gratinata.

- **Salata de fructe cu zabaione**

Ingrediente pentru 2 portii
Pentru salata:
- 2 pere
- 1 pui de ananas
- 10 căpșuni
- 10 struguri de masă întunecați
- 2 kiwi
- 4 crengute de rozmarin
- 4 crengute de cimbru
- 1 mână de mentă proaspătă
- 3 lingurite de zahar brun din trestie
- 4 linguri de rom
- 1 lingurita de sare

Pentru Zabaione:
- 4 gălbenușuri de ou
- 4 lingurite de zahar
- 100 ml vin alb
- 1 shot de amaretto (optional)

Pregătirea

Timp total aprox. 150 de minute

Preîncălziți baia de apă la 60 ° C.

Tăiați perele pe lungime în optimi, îndepărtați miezul, stropiți ușor cu sare și împărțiți crengutele de rozmarin în două pungi.

Tăiați coaja ananasului, tăiați fructele în sferturi pe lungime și tăiați tulpina. Se presară cu zahăr brun, se pune într-o pungă, se adaugă frunze de mentă și se rafinează cu rom.

Spălați căpșunile și uscați. Tăiați în jumătate pe lungime și împărțiți în două pungi.

Spălați strugurii, uscați-i, tăiați-i în jumătate pe lungime și puneți-i într-o pungă de folie.

Kiwi-ul se curata si se taie in patru si se pune intr-o punga cu crengutele de cimbru.

Gatiti capsunile timp de 15 minute. Apoi scoateți punga din apă și lăsați-o să se răcească într-un vas cu apă rece.

Încălziți baia de apă la 65 ° C. Adăugați kiwi și strugurii în apă și, dacă este necesar, atașați punga la oală cu cuiele de rufe. Gatiti 15 minute. Scoateți punga și puneți-l în ligheanul cu apă rece împreună cu căpșunile.

Încălziți baia de apă la 75 ° C. Adăugați perele și gătiți timp de 30 de minute. Scoateți punga și puneți-o în apă rece.

Se încălzește baia de apă la 85 ° C. Se adaugă punga de ananas și se fierbe timp de 90 de minute. Se pune in apa rece.

Deschideți punga de folie, îndepărtați ierburile și aranjați fructele pe farfurii.

Pregătiți zabaione chiar înainte de servire. Pentru a face acest lucru, separați ouăle și puneți gălbenușurile în vasul de metal. Adăugați zahăr, vin și amaretto și bateți amestecul peste o baie de apă clocotită timp de aproximativ 1 minut până când consistența devine cremoasă. Se serveste cu salata de fructe.

- **Morcov sous vide**

Ingrediente pentru 2 portii

- 6 morcovi de marime medie
- 3 praf de sare
- 2 lingurite de zahar pudra
- 2 shot-uri de ulei de măsline

Pregătirea
Timp total aprox. 40 de minute
Se încălzește baia de apă la 75 ° C.
Curata morcovii si taiati pe lungime la mijloc.
Puneți într-o pungă de folie, turnați uleiul și zahărul pudră peste el și amestecați bine în pungă.
Aspirați morcovii și puneți-i într-o baie de apă călită timp de 35 de minute.
După gătire, scoateți morcovii din baia de apă și încălziți o tigaie pentru grătar la cea mai mare setare până când aburul crește. Se pun morcovii, se preseaza usor si se prajesc cca. 2 minute până când vedeți un model frumos prăjit.

- **Piept de pui crocant cu salata**

Ingrediente pentru 2 portii

Pentru carne:
- 1 piept de pui intreg (cu piele)
- 50 g unt
- 1 lingurita de sare, piper
- Ulei de rapita sau de floarea soarelui (pentru prajit)

Pentru salata:
- 2 inimioare mari de salata verde (sapata romana)

Pentru pansament
- 3 hamsii (din pahar)
- 1 catel de usturoi
- 5 stropi de suc de lamaie
- 250 g crème fraîche
- 3 linguri de ulei de măsline
- 150 g parmezan
- 3 vârfuri de piper negru

Pentru feliile de paine (crostini)
- 4 felii de ciabatta
- 4 lingurite de ulei de masline
- 1 catel de usturoi

Pregătirea

Timp total aprox. 60 de minute

Preîncălziți baia de apă la 60 ° C cu un stick sous vide.

Se sare, se piperează și se pune pieptul de pui în punga de folie. Adăugați unt.

Sigilați punga, puneți-o într-o baie de apă, fixați-o pe tigaie și gătiți timp de 60 de minute.

Pentru dressing, adaugă într-un mojar usturoiul, ansoa, uleiul, crème fraiche și zeama de lămâie și bate totul bine până se formează o pastă (alternativ, desigur, poți folosi și un blender de mână sau un robot de bucătărie). Se condimentează cu piper şi suc de lămâie. Nu este nevoie de sare deoarece hamsiile dau destul condiment.

Tăiați salata verde în fâșii subțiri și spălați-le bine într-o strecurătoare sub apă rece.

Când timpul de gătit pentru pieptul de pui a expirat, puneți tigaia grătar pe aragaz și încălziți la cea mai mare setare.

Scoateți punga de folie din baia de apă, scoateți carnea și uscați cu hârtie de bucătărie. Când tigaia se aburește, adăugați un strop de ulei de rapiță sau de floarea soarelui și puneți carnea de pasăre în tigaie, cu pielea în jos. Apăsând ușor benzile de grătar pe salturi.

Stropiți feliile de ciabatta pe ambele părți cu ulei de măsline. Se pune in tigaie si se prajeste scurt pe ambele parti.

Adăugați dressingul în salată și amestecați. Tăiați pieptul de pui și puneți-l pe salată. Se toarnă parmezan peste salată. Frecati crostinii cu jumatate de catel de usturoi si serviti cu salata.

- **File de vita pe piure de cartofi**

Ingrediente pentru 3 portii

Pentru carne:
- 350 g file de vita
- 30 g unt
- 2 crengute de rozmarin
- 2 crengute de cimbru
- 1 cățel de usturoi, tăiat în felii subțiri
- Sare

Pentru bătaie:
- 300 g cartofi făinoase
- 200 g cartofi dulci
- 150 ml frisca
- 100 g unt
- 3 crengute de maghiran proaspat
- 3 crengute de coriandru proaspat
- Sare, piper, nucsoara

Pentru reducerea:
- 400 ml vin roşu
- 100 ml supa de vita
- 5 crengute de rozmarin proaspat
- 5 crengute de cimbru proaspat
- 1 bulb de usturoi
- Sare piper
- 50 g unt
- 1 lingurita pasta de rosii
- 2 linguri de amidon (dizolvat in de doua ori cantitatea de apa)
- 30 g zahăr
- 2 linguri de ulei de măsline

Pregătirea
Timp total aprox. 90 de minute
Preîncălziți baia de apă la 54 °C.

Se usucă fileul cu hârtie de bucătărie și se adaugă în punga de folie cu rozmarin, cimbru, felii de usturoi și unt. Masează ingredientele din exterior în pungă, astfel încât totul să se amestece bine.

Aspirați carnea, puneți-o într-o baie de apă și gătiți timp de 90 de minute.

Tăiați întreg bulbul de usturoi pe lungime și puneți-l cu partea tăiată în jos într-o cratiță.

Prajiti usor usturoiul, adaugati mai intai ulei de masline, apoi unt, ierburile proaspete si pasta de rosii si caliti totul energic timp de 1 minut.

Se deglasează cu vin, se toarnă bulionul și se fierbe la foc mediu aproximativ 40 de minute până când reducerea capătă o consistență cremoasă, amestecând din când în când.

Curățați și tăiați cartofii pentru piure. Se pune intr-o cratita cu apa rece si se fierbe la foc mediu pana se inmoaie (aproximativ 25 de minute).

Treceți sosul printr-o sită. Setați plita la cel mai înalt nivel, adăugați zahărul și amidonul în sos și lăsați totul să fiarbă o dată. Se reduce la foc mediu și se fierbe timp de 20 de minute până când se obține o consistență cremoasă.

Adăugați smântâna, untul și ierburile tocate la cartofi și zdrobiți totul scurt. Se condimentează cu sare, piper și nucșoară.

Scoateți punga de vid cu carnea din baia de apă și țineți scurt sub apă rece. Încinge tigaia la cel mai înalt nivel. Se usucă carnea, se sare și se prăjește scurt pe ambele părți până când se formează o crustă crocantă.

- **Sos olandez**

Ingrediente pentru 2 portii

- 150 g unt
- 2 galbenusuri de ou
- 60 ml apă
- 10 ml otet de vin alb
- 3 g de sare

Pregătirea
Timp total aprox. 30 de minute
Umpleți cuva aragazului sous vide cu apă și încălziți la 75 ° C.
Topiți untul și umpleți-l cu gălbenușul de ou, apă, zeama de lămâie, oțet de vin alb și sare într-un sac de vid.
Puneți punga pe aparatul de etanșare cu vid și porniți-o. Urmăriți cu atenție masa de ouă: doar puțin aer trebuie să fie aspirat din pungă. Dacă este aspirat prea mult lichid, acesta se varsă în sigilantul cu vid. Apoi sigilați punga.
Puneți punga în aragazul sous vide și lăsați-o să se odihnească timp de 30 de minute într-o baie de apă.
Tăiați punga și umpleți masa în sifon. Înșurubați sifonul, introduceți cartușele de N2O și agitați puternic. Pulverizați sosul olandez din sifon pe farfurii.

- **Pulled porc - gătit sous vide**

Ingrediente pentru 4 portii
Pentru amestecul de condimente:
- 1 lingura de boia de ardei praf
- 1 lingura de zahar brun
- 1 lingurita de sare
- 3 seminte de mustar
- 1 praf de piper negru
- 2 praf de usturoi pudră
- 1 praf de oregano
- 1/2 lingurita de seminte de coriandru
- 1 praf de fulgi de chili

Pentru carnea de porc trasă
- 700 g spata de porc

Mix de condimente:
- 500 g cartofi prajiti
- Sos bbq
- 3 cepe de primăvară

Pregătirea
Timp total aprox. 15 ore
Pentru amestecul de condimente, amestecați bine toate ingredientele.

Umpleți aragazul sous vide cu apă și încălziți la 74 ° C. Frecați carnea cu jumătate din amestecul de condimente din toate părțile. Puneți într-un sac de vid și aspirați.

Pune carnea in baia de apa si lasa-o sa fiarba aproximativ 16 ore.

Preîncălziți cuptorul la 150 ° C. Scoateți carnea din punga de vid și uscați cu grijă cu hârtie de bucătărie. Frecați cu restul amestecului de condimente. Gatiti la cuptor aproximativ 3 ore. De îndată ce termometrul pentru friptură arată 92 ° C, scoateți friptura și lăsați-o să se odihnească încă 20 de minute.

Prajiti cartofii prajiti conform instructiunilor de pe ambalaj, degresati-i pe hartie de bucatarie si asezonati cu sare si praf de boia.

Pune carnea pe o tabla. Tăiați în bucăți de mărimea unei mușcături cu 2 furculițe mari. Adăugați sos BBQ și amestecați până când totul este bine umezit cu sos. Asezonați cu sare. Tăiați ceapa primăvară în rondele.

Serviți carnea de porc cu cartofi prăjiți, ceapă primăvară și sos BBQ.

- **Somon cu morcovi și piure de mazăre**

Ingrediente pentru 4 portii

Pentru somon:

- 350 g file de somon (cu piele)
- 1 bucată de ghimbir (aproximativ 5 cm fiecare)
- 2 linguri de ulei de măsline
- Pentru morcovi
- 6 morcovi de marime medie
- 3 praf de sare
- 2 lingurite de zahar pudra
- 3 linguri de ulei de măsline

Pentru mazăre

- 250 g mazare (congelator)
- 100 ml supa de peste (sau supa de legume)
- 2 shot-uri de vin alb
- 1 catel de usturoi
- 1/2 ceapa rosie
- 1 strop de ulei de masline
- 2 stropi de suc de lamaie
- 1 lime (coaja)
- 1 mână de coriandru proaspăt
- 1 mână de mentă proaspătă
- Sare piper

Pregătirea

Timp total aprox. 175 de minute

Preîncălziți baia de apă la 83 °C.

Curățați morcovii și tăiați în jumătate pe lungime. Se pune intr-o punga de folie cu putin ulei de masline, sare si zahar pudra si se da vida.

Puneți într-o baie de apă temperată și gătiți timp de 2 ore.

Tăiați ghimbirul în felii subțiri pentru pește (nu trebuie curățat), uscați somonul, frecați cu ulei de măsline și sare.

Aspirați totul împreună într-o pungă de folie și puneți la frigider.

Ceapa și usturoiul pentru piureul de mazăre se taie mărunt, se rade coaja de la lamaie și se toacă grosier ierburile.

Încinge puțin ulei de măsline într-o cratiță. Se caleste ceapa si usturoiul pana devin translucide la foc mediu timp de aproximativ 4 minute. Se deglasează cu bulionul și vinul alb și se fierbe timp de 10 minute la foc mic.

La sfârșitul timpului de gătire, scoateți morcovii din apă, lăsați-i deoparte și reglați baia de apă la 55°C adăugând apă rece

Scoateți somonul din frigider și puneți-l într-o baie de apă timp de 45 de minute.

Scoateți cratita cu bulionul de pe aragaz, adăugați mazărea congelată și închideți capacul (mazărea trebuie doar să se dezghețe. Dacă gătiți în oală prea mult timp, își pierd rapid culoarea și devin maroniu-gri).

Setați plita la cea mai mare setare și așezați tigaia din fontă pe ea.

Tigaia incepe sa afume, scoatem somonul din punga, scoatem ghimbirul si prajim pestele pana devine crocant in tigaia incinsa pe marginea pielii. Scoateți morcovii din pungă și căliți bine lângă pește. Pentru modelul caracteristic de grătar, întoarceți somonul la 90 de grade după 45 de secunde.

Adăugați ierburi, sucul și coaja de lămâie, untul, sare și piper la mazăre și zdrobiți-le grosier cu un blender de mână.

Puneți piureul de mazăre în mijlocul unei farfurii, deasupra cu somonul și aranjați morcovii alături.

- **Sparanghel verde**

Ingrediente pentru 4 portii
- 450 g sparanghel
- 2 praf de boia de ardei praf
- 1/2 lingura de fulgi de usturoi
- 1 lingurita de sare de mare grunjoasa
- 2 linguri de unt
- 1 tei

Pregătirea

Timp total aprox. 60 de minute

Umpleți aragazul sous vide cu apă și aduceți-l la 57 ° C.

Tăiați lămâia în felii. Tăiați aproximativ 1-2 cm din capetele sparanghelului și curățați treimea inferioară. Puneti sparanghelul cu ingredientele ramase intr-un sac de vid si aspirati.

Puneti sparanghelul in baie de apa si gatiti 1 ora. Deschideți punga și serviți ca acompaniament pentru, de exemplu, file de vită sau piept de pui.

- **Ou poşat cu clătite**

Ingrediente pentru 4 portii
Pentru clătite cu legume:
- 130 g faina
- 1/2 lingurita de bicarbonat de sodiu
- 2 vârfuri de piper negru
- 1 praf de piper cayenne
- 60 g conopidă
- 60 g broccoli
- 1/2 legatura de patrunjel
- 2 cepe de primăvară
- 100 g cheddar
- 1 ou
- 230 ml lapte
- 2 linguri de ulei de măsline
- Sare
  Pentru ouăle poșate
- 4 ouă

Pregătirea
Timp total aprox. 45 de minute
Umpleți aragazul sous vide cu apă și preîncălziți la 75 ° C. Adăugați ouăle și gătiți timp de 16 minute.
Se amestecă făina cu bicarbonat de sodiu, sare, piper negru și piper cayenne.
Tăiați ceapa primăvară în rondele. Tocați mărunt conopida, broccoli și pătrunjelul. Se amestecă cu ceapa de primăvară, oul, laptele și brânza cheddar. Adăugați treptat amestecul de făină.
Încinge ulei de măsline într-o tigaie. Pune 1-2 oală de aluat în tavă și întinde ușor. Coaceți clătitele la foc mediu până se rumenesc de jos. Se rasturna si se scurge pe hartie de bucatarie. Faceți același lucru cu restul aluatului.

Întindeți clătitele cu legume pe o farfurie. Scoateți ouăle din aragazul sous vide și bateți-le cu grijă. Glisați ouăle poșate pe clătite și serviți.

- **Sparanghel sub vid**

Ingrediente pentru 4 portii
- 500 g sparanghel, alb
- 0,5 linguriță. zahăr
- 0,5 linguriță sare
- 1 buc. Coaja de lamaie
- 30 g unt

Pregătirea

Timp total aprox. 35 de minute

Sparanghelul alb se curăță de coajă și se scoate capătul lemnos și se pune în punga de vid.

Se rade coaja de lamaie organica netratata cu o razatoare si se adauga in punga impreuna cu untul, zaharul si sarea.

Acum scoateți aerul din pungă folosind un dispozitiv de vid și sigilați punga.

Punga sigilată este acum plasată în aragazul cu abur sau într-un dispozitiv sous vide timp de cca. 30 de minute la 85 de grade.

Scoateți sparanghelul gata din pungă și serviți cu cartofi fierți și un sos olandez.

- **Coaste de rezervă sous-vide**

Ingrediente pentru 2 portii
- 2 kg coaste de schimb

Ingrediente pentru marinada
- 1 lingura Paprika
- 1 lingura Chimen, măcinat
- 1 lingura Pudră de chili sau sare de chili
- 1 lingura Oregano
- 1 piper negru, macinat
- 1 sare
- 1 lingura praf de usturoi
- 1 shot de suc de lamaie
- 5 linguri. Sos pentru gratar

Pregătirea

Timp total aprox. 315 minute

Pentru coastele de rezervă sous vide, faceți mai întâi o marinadă consistentă. Amestecați praful de boia de ardei, chimenul, pudra de chili, oregano, piperul, sarea, pudra de usturoi și sucul de lămâie cu sosul de grătar într-un bol.

Frecați bine coastele cu această marinadă și puneți coastele culcate, una lângă alta, în punga de vid și aspirați.

Acum gătiți coastele timp de 5 ore bune la 80 de grade într-un dispozitiv sous-vide sau într-un aragaz cu aburi.

Apoi clătiți imediat coastele cu apă rece, scoateți carnea din pungă și puneți-o pe grătarul încins - pentru aproximativ 8-12 minute. Dacă doriți, puteți acoperi coastele cu puțin sos grătar după grătar - dar acest lucru nu este necesar.

- **Bețișoare de morcovi sous vide**

Ingrediente pentru 4 portii
- 400 g morcovi
- 1 lingura. unt
- 1 lingura Ghimbir, ras
- 1 lingura Seminţe de fenicul, întregi

Pregătirea

Timp total aprox. 65 de minute

Spălaţi morcovii, curăţaţi-i, curăţaţi-i cu o curăţătoare de cartofi şi tăiaţi-i în beţişoare alungite.

Acum puneţi beţişoarele de morcov una lângă alta într-un sac de vid. Puneti ghimbirul ras si semintele de fenicul in punga cu morcovii si aspirati-i.

Acum puneţi punga în dispozitivul sous vide sau în aragazul cu aburi şi gătiţi timp de 60 de minute la 80 de grade.

Apoi stingeţi punga în apă cu gheaţă (sau apă rece), scoateţi morcovii din pungă şi amestecaţi-i scurt în puţin unt într-o tigaie.

- **File de porc de la sous vide**

Ingrediente pentru 4 portii
- 600 g Muschie de porc / Porc
- 1 shot de ulei pentru tigaie
- 1 sare
- 1 ardei

100 min. Timp total

Pregătirea

Timp total aprox. 100 de minute

Pentru fileul de porc folosind procesul sous-vide, spălați mai întâi carnea și uscați cu prosopul de bucătărie.

Acum folosiți un cuțit ascuțit pentru a îndepărta eventualele reziduuri de grăsime și pielea argintie de pe carne și tăiați-le în felii de orice dimensiune (aprox. 3-4 cm) groase - bineînțeles că puteți găti și toată bucata.

Acum bucățile de carne intră în punga de vid și aerul este aspirat și sudat cu ajutorul unui dispozitiv de vid.

Punga sudată este apoi introdusă în abur sau într-un dispozitiv sous-vide pentru cca. 60 de minute la 63 de grade (= mediu) sau 67 de grade.

După gătirea blândă, scoateți din nou punga, tăiați-o cu un cuțit sau foarfecele, uscați puțin carnea cu hârtie de bucătărie și asezonați-o cu sare și piper.

În cele din urmă, într-o tigaie se încălzește un strop de ulei, iar carnea este condimentată pe toate părțile și se prăjește doar scurt - important, uleiul trebuie să fie foarte fierbinte.

- **Piure de cartofi sous vide**

Ingrediente pentru 4 portii
- 1 kg cartofi, fierti cu faina
- 250 ml lapte
- 30 g unt
- Sare
- Nucşoară

Pregătirea

Timp total aprox. 100 de minute

Pentru piureul de cartofi, spălaţi şi curăţaţi mai întâi cartofii. Apoi aspiraţi şi sigilaţi cartofii într-o pungă de vid.

Punga de cartofi se pune in aragazul cu abur sau in aparatul sous vide timp de 90 de minute la 85 de grade.

Apoi scoateţi cartofii din pungă şi zdrobiţi-i într-o cratiţă şi încălziţi-i la o temperatură scăzută.

Încălziţi laptele împreună cu untul într-un alt castron şi amestecaţi în amestecul de cartofi cu un tel. Se condimentează piureul de cartofi cu sare şi un praf de nucşoară.

Dovleac Hokkaido sous vide

Ingrediente pentru 2 portii
- 1 dovleac Hokkaido (400 grame din el)
- Sare
- Piper
- 1 lingura unt
- 1 lingura Unt pentru tigaie
- Ghimbir, ras
- 1 shot suc de mere

Pregătirea

Timp total aprox. 25 de minute

Spălaţi bine dovleacul Hokkaido, tăiaţi-l în două şi folosiţi o lingură pentru a îndepărta pulpa cu seminţele - nu-l aruncaţi, semințele pot fi uscate și folosite pentru a decora diverse preparate.

Acum taiati dovleacul (inclusiv pielea) in cubulete mari si adaugati-l impreuna cu ghimbirul, untul, sare, piper si un strop de suc de mere in punga de vacuum si aspirati-l - asigurati-va ca nu intra lichid pe sudura. cusătura pungii.

Acum gătiți bucățile de dovleac într-o pungă la 80 de grade timp de 20 de minute într-un cuptor sous vide sau cu aburi.

După procesul de gătire, scoateți punga, deschideți-o și prăjiți scurt bucățile de dovleac într-o tigaie cu puțin unt.

- **Medalioane de porc din sous vide**

Ingrediente pentru 4 portii
- 800 g file de porc
- Sare
- Piper
- Ulei pentru tigaie

Pregătirea

Timp total aprox. 75 de minute

Pentru medalioanele de porc de la sous vide, mai întâi se spală carnea, se usucă și se taie în felii de aprox. 3-4 cm.

Acum condimentam bucatile de carne cu sare si piper, pune-le intr-un sac de vid si scoatem aerul cu ajutorul aparatului de vacuum si sigileaza punga.

Punga la 63 de grade pentru aproximativ 60 de minute in aragazul cu aburi sau in aparatul sous-vide.

Apoi se deschide punga, se scoate carnea și se prăjește într-o tigaie cu ulei pe toate părțile - uleiul trebuie să fie foarte fierbinte, iar carnea să fie prăjită doar foarte scurt.

- **Somon sous vide**

Ingrediente pentru 4 portii
- 4 stk File de somon, fara coaja
- Sare de mare
- Boabe de piper, negru
- 1 shot de suc de lamaie
- 2 stk Tulpini de mărar, tocate
- 2 crengute de cimbru, tocate
- 2 linguri. ulei de măsline

Pregătirea
Timp total aprox. 40 de minute

Mai întâi spălați fileurile de somon (aprox. 180 grame fiecare - 3 cm grosime), uscați cu hârtie de bucătărie și îndepărtați eventualele oase.

Acum faceți o marinadă din ulei de măsline, tulpinile de mărar tăiate, sare, piper, suc de lămâie și crenguțele de cimbru tăiate și frecați fileurile de pește cu ea.

Apoi puneți fileurile (inclusiv marinada) într-un sac de vid - nu le așezați unul lângă altul - aspirați și gătiți pungile timp de 30 de minute la 52 de grade într-un aparat sous vide sau într-un aragaz cu abur.

După procesul de gătire, scoateți fileurile de pește din pungă și serviți - o garnitură este un gratinat de cartofi sau cartofi fierți.

- **Piept de rata in sos de portocale**

Ingrediente pentru 4 portii
- 4 stk piept de rata
- 1 premiu sare
- 1 lingura. Unt pentru tigaie
- Ingrediente pentru sosul de portocale
- 1 portocală
- 1 catel de usturoi
- 1 lingura. Unt pentru tigaie
- 1 premiu sare

Pregătirea
Timp total aprox. 40 de minute
Spălați bucățile de carne de piept de rață și uscați-le. Apoi eliberați carnea de tendoanele, pielea și grăsimea nedorite (aceste bucăți pot fi folosite pentru o supă) și tăiați în cruce pe partea pielii.
Acum puneți bucățile de carne una lângă alta în punga de vid și sigilați punga cu vid.
Gatiti punga la 66 de grade (= mediu) sau 72 de grade (= prin) timp de 35 de minute.
Apoi scoateți carnea din pungă (prindeți sucul de gătit) și prăjiți într-o tigaie încinsă cu unt pe ambele părți - puțin mai mult pe partea de piele.
Deschideți portocala pentru sosul de portocale și îndepărtați pulpa de pe piele. Tăiați bucățile de portocală în bucăți mici - prindeți zeama și transpirați împreună cu bucățile de portocale și cățelul de usturoi într-o tigaie cu puțin unt.
Acum amestecați sucul de gătit din punga de vid și lăsați-l să fiarbă scurt - asezonați cu un praf de sare.

- **Millefolie de mere cu sos de fructe de pădure**

Ingrediente pentru 4 portii
- 300 g aluat foietaj
- 300 g fructe de padure
- 60 g zahăr din trestie
- 1 buchet mic de mentă
- 50 de mililitri de rom
- 500 g mere Golden Delicious
- 70 g zahăr granulat
- 50 g nuci de pin
- 50 g sultane
- 1 pastaie de vanilie
- 50 g zahăr pudră

Pregătirea
Timp total aprox. 3 ore 5 minute
Umpleți baia de apă și preîncălziți-o la 65 ° C.

Se amestecă ¾ din fructe de pădure cu zahărul din trestie, se adaugă jumătate din menta și romul și se pune totul împreună într-o pungă de vid, se sigilează bine și se fierbe 15 minute la 65°C. Se lasă să se răcească, se amestecă bine și se strecoară.

Acum umpleți o baie de apă și preîncălziți-o la 60 ° C.

Merele se curăță de coajă și se scot miezul, se taie bucăți și se pun într-un sac de vid împreună cu zahărul cristal, nucile de pin, stafidele și vanilia. Închideți ermetic punga și scufundați-l complet într-o baie de apă sous vide și apoi gătiți-l timp de 12 minute la 60 ° C. Lăsați-l să se răcească bine.

Întindeți aluatul foietaj și tăiați felii de 10 cm din el. Se aseaza apoi pe o tava de copt si se coace la 180°C timp de 6 minute la cuptor.

După copt, tăiați feliile de foietaj în jumătate, umpleți-le cu măr și așezați-le pe vasele de servire. Stropiți ultimul cu puțin sos de fructe de pădure și menta rămasă.

- **Millefeuille de mere cu mousse**

Ingrediente pentru 4 portii
Mere sous vide:
- 400 g mere Golden Delicious
- 80 g zahăr granulat
- 1 pastaie de vanilie
- Mousse sous vide:
- 3 decilitri de lapte
- 3 decilitri de smântână
- 1 baton de scortisoara
- 6 gălbenușuri de ou
- 90 de grame de zahăr granulat
- Aluat foietaj:
- 400 g aluat foietaj
- Garnitură:
- Nuci de pin
- Stafide

Pregătirea
Timp total aprox. 27 de minute
Mere sous vide:
Merele se curăță de coajă și se scot miezul, apoi se taie în bucăți și se pun într-o pungă de vid sous vide împreună cu zahărul granulat și vanilia. Când punga este închisă corespunzător, scufundați-o complet în baia de apă și gătiți timp de 12 minute la 60 ° C sous vide până când este gata.
Apoi se lasa sa se raceasca bine.
Mousse sous vide:
Batem bine galbenusurile cu zaharul si adaugam smantana si laptele. Puneti acest amestec impreuna cu scortisoara intr-un sac de vid. Sigilați bine punga și scufundați-l în baia de apă sous vide.
Apoi lăsați-l să fiarbă timp de 15 minute la 92 ° C sous vide.

Apoi lăsați amestecul să se răcească. Se trece printr-o sita si se toarna crema intr-un sifon cu cartus de gaz. Păstrați-l la frigider.

Aluat foietaj:

Întindeți aluatul foietaj și tăiați felii de 10 cm din el. Se aseaza apoi pe o tava de copt si se coace la 190°C timp de 20 de minute la cuptor.

Garnitură:

Asezati aluatul foietaj pe vasele de servire; se adauga merele si se termina cu crema de scortisoara, nuci de pin si stafide.

- **Somon sous vide cu mărar**

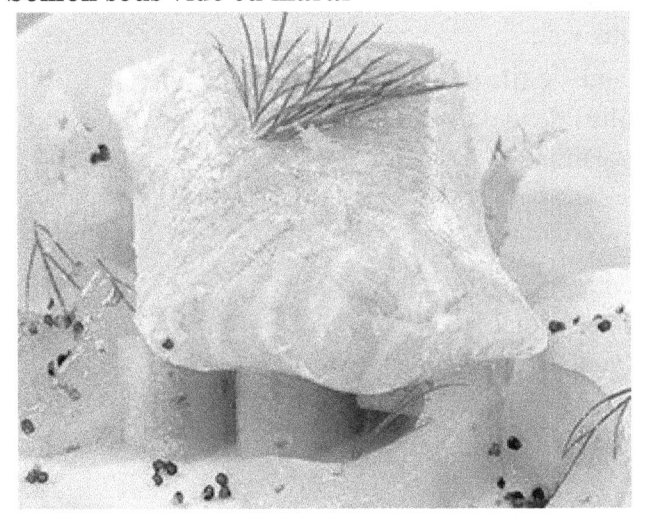

Ingrediente pentru 4 portii

Somon sous vide:
- 400 de grame de file de somon fără oase și piele
- 40 de mililitri de ulei de rapiță sau ulei de floarea soarelui
- Coaja de 1 lămâie
- Sare

Castravete:
- 2 castraveți
- 1 buchet mic de marar
- Coaja și sucul de la 1 lămâie
- 2 linguri ulei de rapita
- Sare
- Zahăr

Pregătirea

Timp total aprox. 18 minute

Somon sous vide:

Tăiați somonul în patru bucăți egale și aspirați împreună cu celelalte ingrediente într-un sac de vid.

Fierbeți bucățile de somon timp de 18 minute la 56°C într-o baie de apă sous vide, adăugați sare după gust și puneți fiecare bucată pe o farfurie cu salata de castraveți.

Castravete:

Curățați castraveții de coajă, tăiați-i în jumătate și tăiați-i felii în formă de seceră. Pune asta împreună cu sarea, zahărul și coaja de lămâie într-un sac de vid și vid. Se marina la frigider pentru 2 ore.

Tăiați mărunt mararul și faceți o vinaigretă din zeama de lămâie și ulei.

Marinați castraveții cu vinegreta și condimentați cu mărar.

- **Ruladă de vită cu sos de ceapă**

Ingrediente pentru 1 portie
- 4 felii de carne de vită, de exemplu capacul de deasupra este foarte potrivit pentru rulada.
- 4 linguri muştar de mărime medie
- 2 muraturi mari
- 1 lingura bacon
- 1 ceapa de marime medie, tocata marunt
- 1 lingurita de frunze proaspete de maghiran
- Puţin oţet balsamic
- Sare
- 300 de mililitri de sos

Pregătirea

Timp total aprox. 2 ore

Aplatizaţi feliile de rulada, ungeţi cu muştar şi stropiţi cu puţină sare.

Puneţi cubuleţele de bacon într-o tigaie şi prăjiţi-le împreună cu ceapa.

Se amestecă frunzele de maghiran şi se acidifică uşor întregul cu puţin oţet.

Lăsaţi acest amestec să se răcească şi puneţi-l pe fundul ruladei.

Tăiaţi murăturile şi puneţi-le pe ceapă. Îndoiţi puţin părţile laterale şi rulaţi ferm.

Aspiraţi porţiile împreună cu sosul şi gătiţi-l timp de 2 ore la 65 ° C într-o baie de apă sous vide.

Scoateţi rulada din pungă şi serviţi cu sos. Legaţi sosul dacă este necesar.

- **Mojito infuzat sous vide**

Ingrediente pentru 2 portii
- 750 ml rom
- 4 tulpini de lemongrass de dimensiuni medii - uşor vânătate (folosirea ciocanului de bucătărie)
- 4 frunze de tei kaffir
- Coaja de 1 lime
- Suc de 1 lime
- 3 crengute de marime medie de frunze de menta proaspata
- Apă spumante

Pregătirea
Timp total aprox. 4 ore
Preîncălziţi baia de apă sous vide la 57 ° C.
Puneţi toate ingredientele într-un sac de vid şi închideţi complet eliminând cât mai mult aer posibil. Se scufundă într-o baie de apă sous vide şi se fierbe timp de 4 ore.
Scoateţi din apă şi răciţi complet. Cel mai bine dacă este la frigider.

- **Muschiu sub vid**

Ingrediente pentru 4 portii
- 500 de grame de muschi din Noua Zeelanda
- 3 linguri ulei de arahide
- 1 lingurita ulei de masline, extra virgin
- 750 de mililitri de vin roşu
- 3 sticle de porto
- 750 mililitri de supa de carne
- 200 de grame de ficat de gâscă
- 200 de grame de ficat de pui
- Sare si piper
- 100 de grame de mazăre, proaspătă sau congelată
- 50 mililitri supa de viţel
- 1 morcov
- 50 de grame de trufe negre
- 50 de mililitri de şampanie
- 150 de grame de ceapă perlată
- 5 boabe de ienupăr

Metoda de preparare

Timp total aprox. 60 de minute

Turnati 750ml de vin rosu, portocul si supa de carne intr-o cratita in care puteti face sos si lasati sa fiarba pana capata o textura insiropata.

Pregătiți crema de ficat prin călcarea separată a foie grasului și a ficatului de pui. Nu păstrați grăsimea. Se condimenteaza cu sare si piper si se taie cubulete.

Se fierbe bulionul de la 750 ml la aproximativ 100 ml si apoi se adauga ficatul taiat cubulete. Amestecul se face piure și se cerne printr-o sită fină pentru a obține o cremă fină și moale.

Pregătiți piureul de mazăre prin albirea scurtă a mazării proaspete în apă clocotită cu sare; dacă folosiți mazăre congelată, lăsați-o să se dezgheţe mai întâi. Mazarea se face piure cu supa de vitel si se condimenteaza cu sare si piper.

Tăiați morcovul în fâșii subțiri cu un curățător. Albește-le scurt în apă sărată clocotită și pune-le la fiert în apă cu gheață. Faceți rulouri mici din el și puneți-o pe o farfurie. Dați la cuptor la o temperatură scăzută pentru a le menține calde.

Gatiti trufele timp de aproximativ o ora intr-o tigaie sigilata in 50 ml sampanie si 50 ml porto. Apoi scoateți-le din infuzie și tăiați-le în cubulețe mici.

Curățați ceapa perla și prăjiți într-o tigaie cu puțin ulei de arahide. Deglazează cu 500ml porto, adaugă trei boabe de ienupăr și lasă să fiarbă aproximativ 5 minute. Se mai lasa la fiert inca 20 de minute cu capacul pe tigaie.

Sarați ușor muschiul și ungeți cu ulei de măsline. Aspirați carnea împreună cu două boabe de ienupăr într-un sac de vid. Puneți carnea într-o baie de apă sous vide la 60 ° C timp de 1 oră.

Apoi scoateți carnea din pungă, uscați-o și prăjiți-o scurt într-o tigaie cu puțin ulei de arahide pe ambele părți la temperatură ridicată. Amestecați sucul de carne cu ceapa marinată.

Tăiați fileul de vită în diagonală și împărțiți-l în patru farfurii. Adaugati o lingura de piure de mazare si crema de ficat. Aranjați rulourile de morcovi și ceapa sidefată pe farfurie. Turnați sosul în jurul întregului vas și bucurați-vă!

- **Broccoli sous vide romanesco**

Ingrediente pentru 4 portii
- 700 de grame de broccoli Romanesco (aproximativ 450 de grame au rămas la curățare)
- 20 de grame de unt sărat cubulețe
- 1 praf de nucsoara

Metoda de preparare
Timp total aprox. 60 de minute
Tăiați broccoli Romanesco în buchețe mici, curățați-le, spălați-le bine și uscați-le bine. Albiți-le scurt în apă cu sare și apoi puneți-le la fiert în apă cu gheață.

Asezam legumele una langa alta intr-o punga rezistenta la fierbere, presaram peste el nucsoara, adaugam untul sarat si distribuim totul bine peste broccoli Romanesco.

Aspirați și gătiți legumele timp de 60 de minute la 80 ° C în baia de apă sous vide.

Apoi sperie-l în apă cu gheață. Pentru a servi, încălziți din nou broccoli în pungă și apoi prăjiți ușor buchețelele într-o tigaie.

- **burgeri vegetarieni de țelină**

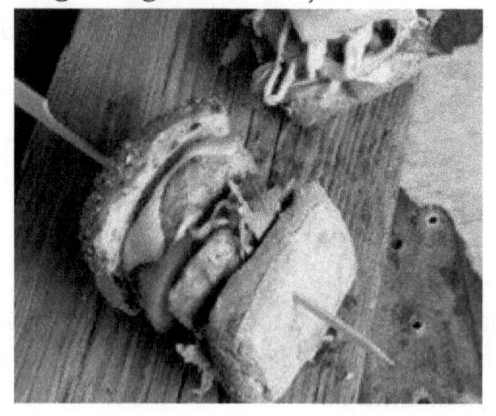

Ingrediente pentru 1 portie
- 4 felii de țelină Sous Vide
- 1 ceapa rosie
- 1 roșie de vită
- 4 felii de brânză cheddar
- 4 (hamburger) sandvișuri
- 2 muraturi
- Salsa de rosii
- 100 de grame de salată iceberg
- Maioneza cu curry (de la 100 ml maioneza, 1 lingurita pudra de curry si 1 lingura sirop de ghimbir)

Pregătirea
Timp total aprox. 15 minute
Prăjiți feliile de țelină timp de 4 minute pe fiecare parte în tigaia pentru grătar
Preîncălziți cuptorul la 180°C
Tăiați ceapa roșie în rondele și feliați roșia.
Puneți feliile de țelină pe o foaie de copt și puneți o felie de roșie pe fiecare felie
Pune deasupra cateva rondele de ceapa rosie si o felie de branza cheddar. Se da la cuptorul preincalzit pentru 3 minute.
Tăiați rulourile în jumătate și grătar-le pentru scurt timp în tigaia pentru grătar sau pe farfuria pentru grătar. Acoperiți jumătățile cu salsa de roșii
Scoateți burgerii de țelină din cuptor și puneți-i pe jumătățile inferioare de pâine. Tăiați muratul în felii lungi și puneți câte o felie deasupra fiecărui burger.
Amestecați maioneza cu curry cu salata verde iceberg tocată mărunt și puneți-o peste burgeri. Acoperiți cu restul jumătăților de pâine.

- **Ananas infuzat**

Ingrediente pentru 1 portie
- ½ ananas
- Bucată de unt
- 1 baton de scortisoara
- ¼ boabe de vanilie
- 4 păstăi de cardamom
- 2 anason stele
- Un strop de rom brun

Pregătirea

Curățați ananasul tăind pielea și tăind miezul dur.

Tăiați în felii groase și puneți într-o pungă de vid.

Asezati condimentele si nodul de unt deasupra si adaugati un strop de rom brun.

Aspirați ananasul.

Puneți batonul sous-vide pe o tigaie cu apă și setați la 82,5 ° C și adăugați ananasul când apa ajunge la temperatură.

Lasă ananasul să fiarbă 5 minute.

Scoateți din pungă și serviți imediat, la discreția dvs., astfel încât „untul de rom" poate fi pus cu o lingură peste ananas sau răciți imediat ananasul înapoi în apă cu gheață și păstrați pentru un moment ulterior.

- **Obraz de vițel cu varză**

Ingrediente pentru 4 portii
- 4 obraji de vițel
- Frec oriental
- Cimbru proaspăt (lămâie).
- Rozmarin şi salvie
- 8 catei de usturoi (zdrobiti)
- Unt clarificat sau grăsime de gâscă
- Piper alb (proaspat macinat)
- Făină, 8 cartofi noi (curățați și tăiați în jumătate)
- 1 varză verde mică
- ½ sac de castane prefierte
- 1 linguriță semințe de chimion (zdrobite)
- 1 sticla de bere de grau
- 125 ml supa de legume sau pui
- compot de afine (borcan)

Pregătirea

Ungeți cei patru obraji de vițel cu ulei de măsline, ungeți-i cu unda orientală și stropiți cu puțin piper și sare proaspăt măcinat.

Pune fiecare obraz de vițel în punga sa de vid cu cimbru proaspăt, salvie, rozmarin, usturoi zdrobit și un strop generos de ulei de măsline blând. Aspirați carnea.

Încălziți aragazul sous-vide la 80 ° C. Când dispozitivul a atins temperatura corectă, puneți sacii de vid în suport. Notă: pungile trebuie să atârne sub apă.

Scoateți pungile din aragaz după 6 până la 8 ore (în funcție de grosimea cărnii după aspirare) și răciți-le imediat înapoi în apă cu gheață.

Scoateți carnea din pungi și îndepărtați ierburile și usturoiul. Taiati obrajii de vitel in cate 3 bucati. Stropiți carnea cu piper alb proaspăt măcinat și sare. Îndoiți ușor carnea pe ambele părți prin făină.

Prăjiți carnea la foc mare în puțin unt clarificat sau grăsime de gâscă și prăjiți până devine crocantă în aproximativ 4 minute.

Lăsați carnea să se odihnească într-un loc cald.

Fierbeți cartofii noi aproximativ 10 minute în apă cu puțină sare.

Între timp, tăiați varza în jumătate și rupeți frunzele în bucăți. Coaceți castanele timp de 5 minute la foc mediu în puțin unt. Adăugați semințele de chimen și varza. Scoateți de câteva ori. Deglazeaza castanele cu berea alba si adauga bulionul. Aduceți întregul la fiert și apoi reduceți complet focul. Gatiti varza cu un capac pe tigaie in aproximativ 7 minute.

Rumeniți cartofii în puțin unt pentru aproximativ 5 minute.

Sculpte carnea. Împărțiți varza în 4 farfurii adânci preîncălzite, puneți deasupra ei feliile de obraz de vițel și întindeți peste ea castanele și cartofii noi. Peste farfurie se pune niște compot de merișoare ici și colo.

- **Tournedos Rossini**

Ingrediente pentru 2 portii
ficat de rață:

- 200 g ficat de rață
- 1/2 pahar de cocktail vieux
- Zahăr pudră

Muschiu si sos:

- 4 bucati de muschiu
- (120/140 g) ulei și unt
- 1 dl Madeira
- 75 g tapenadă de trufe
- 3 dl supa de vițel

Pâine brioșă:

- 4 felii groase de paine brioche (2 cm)
- 1 catel de usturoi
- Ulei
- Cartofi și sparanghel:
- 500 g cartofi tineri, în coajă
- 12 sparanghel verde

Pregătirea

Prepararea ficatului de rață:

Lăsați ficatul de rață să se încălzească și îndepărtați venele și vasele de sânge.

Pune ficatul de rață într-un recipient mare. Adăugați vieux și amestecați bine. Se condimentează cu piper, sare și un praf de zahăr pudră (ai grijă să nu devină prea dulce).

Se toarnă într-o tavă potrivită și se lasă la frigider pentru aproximativ 2 ore.

Preparat de muschiu si sos:

Prăjiți mușchiul scurt în ulei încins. Se lasa apoi sa se raceasca putin din tava.

Aspirați carnea.

Lăsați carnea să se gătească sub vid timp de 4 ore la 56 °C.

Deglazează bulionul cu Madeira, tapenadă de trufe și supa de vițel.

Reduceți acest lucru la 1/3 și asezonați după gust.

Prepararea pâinii brioșe:

Tăiați pâinea brioșă în felii mari.

Tăiați foarte scurt usturoiul și legumele în ulei.

Ungeți pâinea cu ulei de usturoi și o faceți crocantă la cuptor la 180°C.

Prepararea cartofilor și sparanghelului:

Spălați bine cartofii. Taiati-le in jumatate, gatiti pana al dente si lasati sa se raceasca.

Se albesc sparanghelul în apă clocotită cu sare și se răcesc înapoi în apă cu gheață.

- **Gratin festonat**

Ingrediente
- 800 de grame de salsif
- 2 linguri. panko
- 2 linguri. nuci de pin
- 4 crengute de cimbru de lamaie
- 50 de grame de brânză pecorino

Metoda de preparare

Preîncălziți cuptorul cu setarea grătarului la 190 ° C.

Aranjați strâns salsiful unul lângă altul într-o tavă de copt unsă sau pe o tavă unsă cu unsoare.

Scoateți cimbru de lămâie din crenguțe și stropiți cu salsif.

Asezonați generos cu piper proaspăt măcinat și puțină sare și stropiți cu nuci de pin și panko.

Peste ea se rade branza pecorino si se unge in cuptorul preincalzit pana cand panko devine frumos crocant si branza se coloreaza si se topeste.

- **Pui cu sos de branza broccoli**

Ingrediente pentru 4 portii
- 4 file de pui
- 1 Broccoli
- 3 eșalote
- 10 bucăți de ciuperci
- 40 g unt
- 5 g sare
- 2 catei de usturoi
- 100 g vin alb
- 350 de grame de frisca
- 100 de grame de brânză Gouda

Pregătirea
Timp total aprox. 1 oră 30 de minute
Încălziți baia sous vide la 65 de grade. Puneți fileul de pui într-o pungă de vid cu un strop generos de ulei de măsline și un praf de sare. Odată ce baia de apă atinge temperatura, pune puiul înăuntru și setează temporizatorul la 1 oră.
Tăiați buchețelele de pe broccoli și tăiați tulpina de broccoli în bucăți mici. Tăiați eșapa în bucăți și măcinați-o cu tulpina de broccoli într-un robot de bucătărie.
Curățați ciupercile (dacă este necesar) și tăiați-le în sferturi.
Topiți untul într-o tigaie. Se adauga sare, usturoiul tocat marunt si amestecul de ceapa broccoli si se calesc 5 minute. Adăugați vinul și lăsați-l să se reducă până când aproape că nu mai rămâne umezeală în tigaie. Apoi adăugați frișca și brânza și amestecați bine până se creează o structură asemănătoare fonduei.
Adăugați broccoli și ciupercile și lăsați-le să fiarbă încet aproximativ 15 minute. Amestecați regulat sau sosul se va găti.
După o oră, scoateți puiul din baia sous vide și uscați-l cu hârtie de bucătărie. Apoi faceți o tigaie fierbinte și prăjiți puiul pe ambele părți pentru un strat frumos maro. Serviți imediat.

Combinați puiul cu sosul de brânză cu broccoli. Bucurați-vă de masă!

- **Piure de cartofi la 72 de grade**

Ingrediente pentru 6 portii
- 1 kg de cartofi
- 250 de grame de unt
- 150 de grame de lapte

Pregătirea

Timp total aprox. 90 de minute

Curățați cartofii. Când beeper-urile sunt scoase din jachetă, tăiați-le în părți egale de aproximativ 1 centimetru grosime; in acest fel toti cartofii sunt gatiti in acelasi timp. Păstrați cojile.

Și ca ultimă etapă în pregătire, spală-ți cartofii mult timp! Prin tăierea cartofului, rupeți pereții celulari ai cartofului, astfel încât amidonul să fie eliberat pe suprafața de tăiere. Dacă ar fi să gătiți cartofii imediat, tot acest amidon ar ajunge în lichidul de gătit, ceea ce nu face piureul mai bun. Clătește bine cartofii pentru câteva minute, astfel încât tot amidonul din chiuvetă să fi dispărut.

Dacă ar fi să pui cartofii spălați în apă clocotită, pereții celulelor ar sparge și ai pierde o parte din amidon. Cu un truc simplu te poți asigura că amidonul este mai întâi fixat în cartof. Drept urmare, cartoful pierde mai puțin amidon în timpul pregătirii ulterioare, exact ceea ce ne dorim!

Și cum faci asta? Pur și simplu puneți cartofii în apă la 72 de grade timp de 30 de minute, ușor de făcut prin sous vide. într-adevăr. Îți face cartoful un alt cartof... Nu este gătit, dar se simte ferm. Tot amidonul este acum bine blocat în cartof.

Cartoful are cea mai mare aromă în coajă. Și păcat să nu-l folosești în piureul tău! Pentru a face acest lucru, spălați bine pielea și aduceți-le la fiert în timp ce amestecați cu laptele. Se ia tigaia de pe foc imediat ce laptele fierbe si se lasa sa se odihneasca pana la utilizare. Acest lucru atrage gustul pieilor în lapte, pe care îl adăugați în cele din urmă la piure.

Clătiți din nou cartofii bine după 30 de minute și gătiți-i complet fierți încă 30 de minute. Desigur, acest lucru este posibil fără sous vide și pur și simplu prin fierberea apei.
Tăiați untul în bucăți și puneți-le într-un bol de mixare.
Scurgeți cartofii fierți și stoarceți-i mărunt cu storcătorul de piure (sau alternativ folosiți un piure). Amesteca bine amestecul de unt-cartofi.
Acum frecați piureul prin cea mai fină sită posibilă (de brutărie).
Adăugați un strop de lapte și amestecați bine piureul.
Continuați să adăugați lapte până când obțineți consistența dorită. Asezonați cu piper proaspăt și sare de mare. Entuziastul adaugă acum puțină nucșoară, sau coajă de lămâie/lime (pentru a acționa ca o contrapartidă proaspătă la unt).

- **Friptură de crupă sous vide**

Ingrediente pentru 2 portii
- 2 stk Friptură de crupă (roast beef) la 250g
- 1 sare de premii
- 1 ardei premiat
- 1 shot de ulei pentru tigaie

Pregătirea

Cu reteta de friptura cu crupa, este important sa stii dinainte cum vrei carnea. Aceasta şi grosimea cărnii au ca rezultat, de asemenea, timpi şi temperaturi de gătire diferite - vezi mai jos pentru detalii.

Grosimea ideală a fripturii ar trebui să fie între 2-3 cm şi să aibă o marmorare plăcută. Mai întâi se spală carnea, se usucă şi apoi se aspiră fiecare bucată de carne într-o folie de gătit adecvată.

Acum puneţi cele două bucăţi de carne una lângă alta în dispozitivul sous vide (sau cuptorul cu abur) şi gătiţi după gradul de gătire dorit - iată câteva ajutoare: Rare 47 de grade, mediu 55 de grade, bine făcut 63 de grade pentru aprox. . 70 de minute. Cu cât carnea este mai groasă, cu atât trebuie gătită mai mult - puţin ajutor: 4 cm în jur de 120 minute, 5 cm 160 minute.

După gătit, scoateţi carnea, tăiaţi din pungă, prindeţi sucul - aceasta poate servi ca bază pentru un sos - tamponaţi puţin carnea, sare şi piper şi într-o tigaie foarte fierbinte cu un strop de ulei sau unt pe ambele părţi se prăjeşte fierbinte - aprox. 60-90 de secunde pe fiecare parte.

- **Roast beef sous vide**

Ingrediente pentru 4 portii
- 1 kg friptură de vită
- 1 shot ulei de masline
- 3 ramuri de rozmarin
- 3 ramuri de cimbru
- 20 g unt

Pregătirea

Timp total aprox. 5 ore 20 minute

Cel mai important lucru cu gătirea sous vide a cărnii sau a peștelui este că aveți un aparat de etanșare cu vid și, în cel mai bun caz, un aragaz sous vide.

Mai întâi scoateți friptura din ambalaj și spălați-o cu apă rece, apoi tamponați-o cu hârtie creponată.

Vă rugăm să separați frunzele de cimbru și rozmarin de tulpină și nu aspirați tulpina deoarece este prea tare.

Acum frecați friptura de vită cu ulei de măsline și puneți-o într-o pungă de plastic potrivită pentru gătit sous vide. Apoi adăugați în pungă cimbrul și frunzele de rozmarin. Aspirați totul din acest sac.

Preîncălziți aragazul sous vide la 56 de grade și adăugați friptura de vită în baia de apă. Carnea trebuie apoi gătită într-o baie de apă timp de 5 ore.

După 5 ore, scoateți friptura din pungă și tamponați-o. Încingeți o tigaie pentru grătar și prăjiți carnea scurt pe fiecare parte timp de maximum 1 minut. Pune untul în tigaie pentru a se rotunji.

Apoi lăsați friptura pe o farfurie preîncălzită timp de 3 minute.

- **File de bizon cu fasole**

Ingrediente pentru 2 portii
- 1 cană mămăligă
- Sare si piper, alb
- 1 cană lapte
- 1 cană de apă
- 30 g Morels, uscate (morels negre)
- 3 proteine
- Unt
- 150 g Fasole (fasole lată), congelată
- 100 ml suc de portocale
- 1 lingura. Tarhon, frunze smulse
- 300 g file de bizon
- 1 lingura. unt limpezit

Pregătirea

Timp total aprox. 30 de minute

Sigilați fileul de bizon într-o pungă de plastic. Lăsați-l la macerat într-o baie de apă la 65 ° C timp de aproximativ 2 ore. Despachetați fileul de bizon, asezonați cu sare și piper și lăsați pe toate părțile scurt și viguros să ia culoarea în unt limpezit, lăsați să se odihnească minim 5 minute, apoi tăiați în două felii.

Fierbe mamaliga intr-un amestec de lapte si apa cu putina sare. Mordele la inmuiat, apoi taiati-le bucatele mici si adaugati-le in mamaliga racita. Eventual. Adăugați apa de înmuiat pentru morcile pentru a îmbunătăți consistența. Albusurile se bat spuma cu putina sare pana se intaresc, se pliaza sub mamaliga si se toarna amestecul in forme unse cu unt. Coacem pe baie de apa la 180°C pana se rumenesc usor.

Lăsați fasolea să se dezghețe, îndepărtați coaja groasă. Reduceți puțin sucul de portocale, adăugați untul și sarea. Încălziți fasolea în ea doar pentru scurt timp. Tarhonul se toaca marunt si se adauga inainte de servire.

- **File de somon sous vide**

Ingrediente pentru 4 portii

- 450 g file de somon, proaspăt
- Ulei de măsline
- Sare si piper
- Pudră de usturoi
- Suc de lamaie

Pregătirea

Timp total aprox. 1 oră

Pregătiți o pungă de vid potrivită, aspirați somonul cu 1 linguriță de ulei de măsline și puțină sare. Așezați cu grijă somonul în punga de vid în baia de apă preîncălzită la 52 ° C și gătiți timp de aproximativ 20 - 25 de minute.

Apoi scoateți somonul din baie, scoateți cu grijă peștele din pungă și prăjiți ușor în tigaie, dar se poate consuma și direct.

Aranjați sare și puțin piper cu puțină zeamă de lămâie, în funcție de gust. Se serveste pe legume sau orez, in functie de gust.

- **Coastă de vită - gătită sous vide**

Ingrediente pentru 3 portii
- 4 linguri. sos Worcester
- 2 linguri. sare
- 1 lingura. Piper, proaspăt măcinat
- 1 lingura. ulei de rapita
- 1,3 kg Friptură de vită (costită înaltă, cu os)

Pregătirea

Timp total aprox. 8 ore 30 minute

Frecați generos coasta cu sosul Worcestershire. Apoi stropiți cu sare și frecați de asemenea. Puneți într-un sac de vid și sigilați. Transferați în recipientul Sous Vide și gătiți timp de 8 ore la 56 ° C. Când timpul a expirat, prăjiți coasta pe toate părțile într-o tigaie sau pe grătar. Se taie apoi felii si se presara cu piper proaspat macinat. Acest lucru se potrivește bine cu legumele prăjite și sosurile la tigaie.

- **File de porc cu crema de tarhon**

Ingrediente pentru 4 portii
- 1 Carne de porc
- 1 buchet tarhon, mai proaspat
- 1 lingura. Muştar, nisipos
- 200 ml crema
- 1 eşalotă
- 1 lingura. Ulei de floarea soarelui
- 10 g unt
- Sare si piper

Pregătirea

Timp total aprox. 1 oră 50 de minute

Se spală fileul de porc, se usucă şi se îndepărtează excesul de grăsime şi tendoanele. Frecati cu ulei de floarea soarelui, sare si piper. Se spală tarhonul, se usucă şi se toacă mărunt. Curăţaţi şi tăiaţi mărunt eşalota.

Puneţi fileul de porc într-o pungă, adăugaţi o linguriţă de tarhon şi aspiraţi. Gatiti pe raftul 3 in programul "Sous vide" la 65°C timp de aprox. 80 de minute în aragazul cu aburi.

Între timp, transpiraţi cuburile de eşalotă în unt până devin translucide şi apoi deglasaţi cu smântână. Se amestecă muştarul, se adaugă tarhonul rămas şi se lasă să fiarbă puţin.

Cand fileul de porc este fiert, se prajeste intr-o tigaie foarte incinsa. Când carnea sous vide a fost gătită, nu are crustă. Pentru a nu schimba semnificativ punctul de fierbere în timpul prăjirii, tigaia trebuie să fie foarte fierbinte, astfel încât crusta să se formeze foarte repede. Tăiaţi carnea de porc în unghi şi aranjaţi pe crema de tarhon.

- **Cod-sous-vide**

Ingrediente pentru 2 portii
- 2 file de cod
- 2 linguri. Pătrunjel, uscat
- 4 linguri. ulei de măsline
- 2 catei de usturoi
- 1 lingurita suc de lamaie
- Sare si piper

Pregătirea

Timp total aprox. 30 de minute

Faceți o marinadă din ulei de măsline, pătrunjel, usturoi presat, suc de lămâie, sare și piper.

Pregătiți două pungi de vid. Întindeți marinada pe fileurile de pește și sudați fileurile cu aparatul de vid.

Gatiti 20 de minute la 52 de grade.

Sfat: Învârtiți rapid peștele fiert într-o tigaie cu unt fierbinte.

- **Burta de porc gătită sous-vide**

Ingrediente pentru 2 portii
- 500 g Burta de porc dezosata
- 30 g sare de decapare (sare de decapare nitrit)
- 15 g zahăr brun
- 1 frunză de dafin
- 10 boabe de ienupăr
- 10 boabe de piper
- 3 cuişoare
- 2 linguri. Muştar mediu fierbinte
- Piper, negru, măcinat grosier

Pregătirea

Se fierb 300 ml de apă cu sare de murătură şi zahăr brun într-o cratiţă la o saramură murată. Lăsaţi saramura să se răcească şi vaccinaţi carnea cu o seringă cu saramură.

Zdrobiţi boabele de ienupăr şi boabele de piper şi adăugaţi la restul de saramură cu dafin şi cuişoare. Puneti burta de porc cu saramura intr-o punga de congelator, inchideti ermetic si lasati la frigider 12 ore.

Se scoate carnea, se spală, se usucă, se condimentează cu piper şi se unge cu muştar. Aspiraţi burta de porc şi gătiţi într-o baie de apă la 65 de grade timp de 24 de ore.

Când timpul de gătire s-a terminat, scoateţi carnea din sacul de vid, tăiaţi coaja în formă de romb şi prăjiţi până devine crocantă sub grătar la cuptor. Tăiaţi burta de porc în felii şi serviţi cu varză murată şi piure de cartofi.

- **Rula de rață sous-vide**

Ingrediente pentru 6 portii
- 2 Club (rață)
- 1 piept de rata
- Bacon, mai gras
- 50 g Fistic, tocat grosier
- 80 g nuci de macadamia, tocate grosier
- 2 mici Ou
- Cremă
- Sare
- Piper
- 150 g Bacon
- piper,
- Sarea de mare

Pregătirea

Timp total aprox. 1 oră 40 de minute

Scoateți pielea de pe pulpele și pieptul de rață, cubulețe foarte fin și prăjiți-le încet într-o tigaie până devin crocante. Se pune apoi pe o sita pentru a se scurge.

Eliberați pulpele de rață și pregătiți un bulion din oase

Tăiați pieptul de rață fâșii

Slănina tăiată mărunt.

Faceți o farsă din carnea pulpelor, smântână, ouă, condimente și slănină. Amestecați fisticul și nucile și o parte din pielea de rață prăjită sub farsă.

Așezați slănina suprapusă pe o scândură și întindeți farsa pe ea, întindeți fâșiile de piept de rață peste farsă. Rulați totul cu slănină. Pune rulada într-un sac de vid și gătește la 60 ° timp de aproximativ 1 oră.

Scoateți rulada din pungă și prăjiți-o scurt de jur împrejur în grăsimea de rață, tăiați-o felii pentru servire și stropiți cu pielea de rață prăjită și niște piper de Tasmania proaspăt măcinat și floare de sal.

- Şa de porc sous vide

Ingrediente pentru 4 portii
- 800 g carne de porc
- 2 catei de usturoi
- 3 linguri. unt
- 1 frunză de dafin
- Ulei de măsline
- Piper, negru de la moară
- Sare

Pregătirea

Timp total aprox. 2 ore 20 minute

Frecați piesa din spate cu puțin ulei de măsline și acoperiți cu felii de usturoi și foile de dafin și aspirați.

Puneți într-o baie de apă caldă la 60 ° timp de aprox. 75 - 90 de minute. Alternativ, puteți folosi și vaporul.

Timpul are o importanță secundară, deoarece carnea nu se poate încălzi mai mult de 60 °. Este mai bine să-l lași mai mult timp dacă nu ești sigur.

Apoi scoateți carnea de porc, lăsați untul să se spume într-o tigaie încinsă și prăjiți scurt carnea în ea. Se condimentează cu sare și piper și se taie.

Aceasta se potrivește cu risotto și legume prăjite (de exemplu, ardei ascuțit).

Carnea este apoi foarte fragedă, roz deschis și foarte gustoasă.

- **Pulpă de miel gătită sous vide**

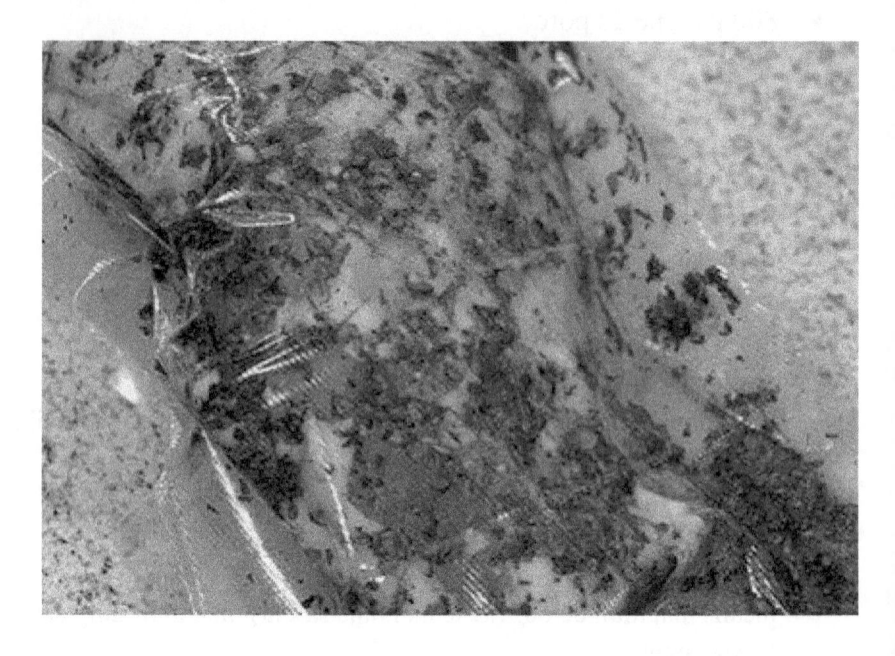

Ingrediente pentru 6 portii
Pentru marinata:
- 1 mână de ardei, negru
- 1 mână de sare
- 1 usturoi tubercul
- 1 buchet coriandru
- 2 Eşalotă
- 1 Tei

Pentru carne:
- 1 pulpă de miel, cu os, 2 - 3 kg
- 1 mână de sare

Pregătirea
Timp total aprox. 18 ore 30 minute
Înveliţi bulbul de usturoi în folie de aluminiu şi coaceţi-l pe grătar sau la cuptor la 180°C timp de o oră.

Pentru marinată, se pisează fin sare şi piper într-un mojar. Tăiaţi în jumătate usturoiul prăjit şi acum moale şi stoarceţi jumătate în mojar. Se toaca coriandru si salota si se adauga in mojar. Stoarceţi limea, adăugaţi zeama în mojar şi amestecaţi totul într-o suspensie.

Umpleţi o baie de apă sous vide şi preîncălziţi la 58 °C.

Pară pulpa de miel. Dacă are un capac de grăsime puternic, decojeşte-l puţin. Tăiaţi capacul de grăsime în formă de romb, având grijă să nu răniţi carnea. Saraţi piciorul, frecaţi-l cu marinada, adăugaţi usturoiul rămas şi aspiraţi piciorul. Gătiţi sous vide timp de 18 ore (aceasta nu este o greşeală de tipar).

După gătit, scoateţi piciorul din pungă şi uscaţi. Grătiţi pe grătar la căldură directă pentru a crea arome prăjite.

- **Pulpe de rață închise sous-vide**

Ingrediente pentru 2 portii
- 2 Pulpă de rață
- Sare de mare
- Piper, negru, proaspăt măcinat
- 1 lingura. Supa de rață, concentrată
- 2 frunze de dafin, proaspete
- 5 boabe de ienibahar
- 3 discuri Usturoi, uscat
- 2 linguri. Untură grămadă (rață), răcită

Pregătirea

Timp total aprox. 3 zile 8 ore 5 minute

Ungeți bine pulpele de rață cu supa de rață și sare și piper. Aspirați împreună cu celelalte ingrediente într-o pungă (deoarece ceva lichid este aspirat cu un aparat de etanșare sub vid de uz casnic, verificați cu atenție cordonul de sudură pentru scurgeri) și gătiți la 80 ° C timp de opt ore, apoi răciți rapid într-o baie de apă cu gheață pentru cel puțin 15 minute.

Se lasa la frigider cateva zile sau mai mult daca se poate.

Pentru a servi într-o baie de apă, se încălzește la 75 până la 80 ° C, se scoate cu grijă din pungă și, dacă este necesar, se rumenește scurt pielea sub salamandră sau grătarul cu infraroșu al cuptorului.

- **Sparanghel cu curry rosu**

Ingrediente pentru 2 portii
- 500 g sparanghel, alb
- 2 linguri de ceai Pasta de curry, rosu
- 3 linguri. Lapte de cocos, congelat
- 1 praf de zahar
- 1 praf de sare
- 1 lingurita de unt

Pregătirea

Timp total aprox. 55 de minute

Cumpărați sparanghel proaspăt și curățați-l de coajă.

Se condimentează apoi sparanghelul cu sare și zahăr - se pune într-o pungă. Apoi distribuiți ingredientele rămase în pungă. Întindeți puțin pasta de curry peste sparanghel. Îmi place să folosesc lapte de cocos congelat pentru metoda sous vide. De obicei am nevoie de cantități mici, astfel încât să am mereu niște lapte de cocos în recipientul pentru cuburi de gheață și să îl pot aspira mai ușor.

Setați baia de apă la 85 ° C și gătiți sparanghelul timp de 45 de minute.

Deschideți punga la sfârșitul timpului de gătire. Prinde sucul din apă de sparanghel, curry și lapte de cocos, se îngroașă puțin și se servește cu sparanghelul.

- **File fiert**

Ingrediente pentru 4 portii
- 1 kg carne de vită
- 1 morcov
- 50 g rădăcină de țelină
- 1 ceapa mica
- 1 lingura. ulei
- 100 ml vin alb
- Sare de mare
- 6 boabe de piper
- 1 frunză de dafin

Pregătirea

Timp total aprox. 20 ore 15 minute

Curățați pielea de pe partea de sus a cărnii de vită fiartă. Tăiați mărunt morcovul, ceapa și țelina. Încinge uleiul într-o tigaie și aspiri legumele. Se deglasează cu vin alb, se reduce aproape complet.

Frecam fileul fiert cu putin ulei, sare (nu prea multa) si punem intr-un sac de vid. Adăugați legumele, dafinul și boabele de piper și distribuiți în pungă. Aspirarea. Gătiți într-o baie de apă la 60 până la 65 ° C timp de 20 de ore.

Apoi scoateți din pungă, scoateți legumele și tăiați carnea de vită fiartă.

Carnea devine fragedă, aromată și păstrează o culoare roz uniformă. Are un gust delicios cu pesmet, sos verde sau pe rădăcină.

Temperatura potrivită este puțin o chestiune de gust. Îl gătesc mereu la 64 ° C. Cu cât stă mai mult în el, cu atât se pierde structura cărnii. Inca o zi si se poate zdrobi cu limba. Îmi place puțin mai „crisper".

Cantitatea pe porție este deja destul de generoasă, se poate mânca mai mult cu ea.

- **Pui cu vanilie cu morcovi cu miere**

Ingrediente pentru 2 portii
- 2 File de piept de pui, fara piele
- ½ boabe de vanilie, taiata in jumatate pe lungime
- 2 linguri. Ulei, samburi de struguri
- 16 Morcov, pui, decojit
- 2 linguri. unt
- 3 linguri. Miere de salcâm
- Sare
- Piper, negru, măcinat

Pregătirea

Timp total aprox. 4 ore

Aspirați fileurile de piept de pui cu ulei, păstăi de vanilie și piper și lasați la marinat cel puțin 2 ore.

Aspirați fiecare 8 morcovi cu 1 lingură. unt și 1,5 linguri. Miere.

Gătiți puiul la 60 ° timp de 100 de minute într-o baie de apă sau un aragaz cu abur. Scoateți din pungă și prăjiți într-o tigaie preîncălzită. Apoi sare.

Gătiți morcovii la 85 ° timp de 25 de minute într-un cuptor cu aburi sau pe baie de apă. Se pune apoi într-o tigaie preîncălzită și se prăjește până se caramelizează mierea. Sare si piper.

Aranjați pe farfurii preîncălzite.

Merge bine cu cuscous sau mamaliga.

- **Friptură de vită sous vide cu vin roșu**

Ingrediente pentru 2 portii

- 2 Friptură de vită (friptură de şold), aprox. 250 g fiecare
- 4 ramuri de rozmarin
- 4 ramuri de cimbru
- 100 ml vin de porto
- 150 ml vin roşu
- Ulei de măsline, bun
- Unt clarificat
- Sare de mare, grosieră
- Piper (piper de friptură)
- 1 linguriţă zahăr plin
- 1 lingura. Unt, rece

Pregătirea

Timp total aprox. 2 ore

Uscaţi fripturile de vită şi aspiraţi-le cu o crenguţă de cimbru şi rozmarin şi un strop de ulei de măsline.

Încălziţi baia sous vide la 56 de grade şi apoi puneţi pungile în ea.

Cu puţin timp înainte de sfârşitul timpului de gătire, lasă zahărul să se caramelizeze într-o cratiţă şi se deglasează cu vinul roşu şi vinul de porto. Adăugaţi ierburile rămase şi lăsaţi vinul să fiarbă uşor.

După 90 de minute, scoateţi fripturile din baia de apă. Puneţi o tigaie cu unt clarificat şi lăsaţi untul să se încingă foarte tare. Între timp, mângâiaţi uşor fripturile. Se prăjesc fripturile în unt pentru aproximativ 5 - 10 secunde pe fiecare parte, apoi se înfăşoară în folie de aluminiu şi se păstrează la cald.

Amestecul de vin se pune in tigaie si se reduce la 1/3, se condimenteaza cu sare si piper si se ingroasa cu putin unt.

Se pune sosul pe farfurie si se pune friptura deasupra, se presara cu sare grunjoasa si piper.

Cartofii copţi merg foarte bine cu asta.

- **Somon sub vid gătit**

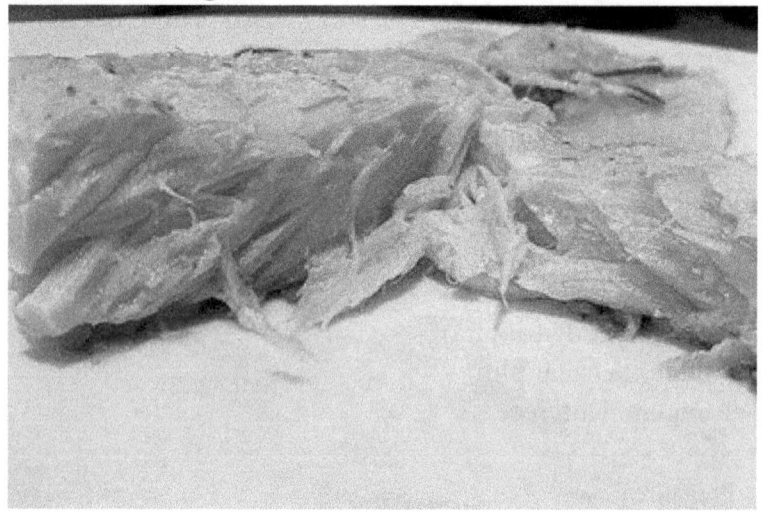

Ingrediente pentru 1 portie
- 200 g file de somon cu piele
- 2 felii de lamaie, feliate subtiri
- 2 ramuri marar
- ½ cățel de usturoi, feliat subțire
- Rozmarin
- Cimbru
- 2 picături ulei de măsline
- Piper

Pregătirea

Timp total aprox. 45 de minute

Tamponează somonul. Ungeți ușor cu ulei de măsline și piper. Puneți într-o pungă sous vide. Întindeți feliile de lămâie și usturoi, precum și ierburile pe pește și aspirați totul.

Se încălzește o baie de apă cu un stick sous vide la 45 ° C și se gătește punga cu conținutul său timp de cca. 30 de minute. După 30 de minute, scoateți somonul din ambalaj.

Aproximativ Puneți într-o tigaie fierbinte pe partea de piele timp de 10 secunde și prăjiți foarte fierbinte, serviți imediat.

Toată lumea poate apoi condimenta după gust cu sare, piper, lămâie și chili.

- **Burta de porc sous vide**

Ingrediente pentru 2 portii
- 500 g Burta de porc, necurata
- 1 frunză de dafin, proaspătă
- 3 boabe de ienupăr
- Sare
- Piper, negru, de la moară

Pregătirea

Timp total aprox. 15 ore și 5 minute

Împărțiți frunza de dafin în bucăți. Stoarce boabele de ienupăr. Se freacă burta de porc cu puțină sare, se pipereză ușor și se pune într-o pungă de vid cu boabe de ienupăr și foi de dafin.

Aspirați și gătiți într-o baie de apă la 75 ° C timp de 15 ore.

Rezultă o burtă de porc fragedă, aromată și suculentă, dar nu mai roz.

- **File de vită întreg după sous vide**

Ingrediente pentru 4 portii

- 500 g file de vită, întreg
- 1 ramură de rozmarin
- 2 linguri. unt
- 2 lingurite de sare
- 1 lingurita piper negru
- 3 boabe de ienupăr
- Nişte ace de rozmarin

Pregătirea

Timp total aprox. 3 ore 15 minute

Se spală tot fileul de vită, se usucă cu hârtie de bucătărie şi se aduce încet la temperatura camerei (se scoate din frigider cu aproximativ 2 ore înainte).

Apoi sudați în folie cu crenguța de rozmarin.

Bolul Cooking Chef până la max. Umpleți marcajul cu apă şi setați-l la 58 ° C (puneți protecție împotriva stropilor, intervalul de agitare 3 fără agitator).

Când se atinge temperatura, se adaugă fileul de vită sudat şi se lasă acolo timp de 3 ore. Închideți protecția împotriva stropilor astfel încât temperatura să rămână constantă!

Apoi scoateți din CC şi tăiați filmul.

Se încălzeşte untul cu sare, piper, boabe de ienupăr presate şi câteva ace de rozmarin în tigaie şi se lasă să se rumenească uşor. Rumeniți scurt fileul pe ambele părți (în total aprox. 1 min.).

Doar desfaceți (felii nu prea subțiri) şi serviți.

- **Friptură de crupă à la cu ciabatta**

Ingrediente pentru 1 portie
- 300 g carne de vită
- 1 pachet de rucola
- 100 g nuci de pin
- 2 catei de usturoi
- 100 g parmezan
- 150 ml ulei de măsline
- 1 Ciabatta pentru copt
- 50 g rosii cherry
- 1 bila de mozzarella
- Sare si piper

Pregătirea

Timp total aprox. 1 oră 55 minute

Aspirați fileul de vită și lăsați-l să stea 10-15 minute. se lasa sa se odihneasca la temperatura camerei. Încălziți apa la 56 ° C și puneți fileul în baia de apă la o temperatură constantă. Aproximativ Gătiți într-o baie de apă timp de 50 - 55 de minute.

Între timp, coaceți pâinea conform instrucțiunilor de pe ambalaj.

Pregătiți pesto - amestecați rucola, nucile de pin, parmezanul și uleiul până obțineți un amestec cremos. Tăiați mozzarella și roșiile în cuburi mici.

Tăiați pâinea în felii și ungeți cu pesto. Puneți bucățile de roșii și mozzarella pe feliile acoperite.

Încinge o tigaie și se prăjește în ea friptura. Se serveste presarata cu sare si piper.

- **Pulpa de pui sous vide**

Ingrediente pentru 1 portie
- 1 pulpe mare de pui
- Paprika
- Sare si piper

Pregătirea

Timp total aprox. 1 oră 40 de minute

Frecati pulpa de pui cu piper, sare si boia si sigilati-o intr-o punga de vid. Dacă este necesar, există şi o pungă de congelare cu închidere glisantă, în care aspiraţi aerul cu un pai.

Se încălzeşte o baie de apă la 82 ° C şi se pune punga de vid în baia de apă şi se fierbe pulpa de pui aproximativ 90 de minute la o temperatură constantă de 82 ° C. Nu mai contează.

Când timpul de gătire este atins, preîncălziţi o tigaie pentru grătar la cel mai înalt nivel şi, de asemenea, setaţi grătarul mare din cuptor la nivelul cel mai înalt plus programul pentru grătar.

Scoateţi pulpa de pui din punga de vid şi puneţi-o în tigaia încălzită. Puneţi tava imediat sub grătar şi puneţi pulpa la cuptor pentru 2-4 minute până când pielea devine crocantă. Piciorul este gătit până la ultimul os şi are o aromă plăcută de grătar.

- **Picior de capră sub-vide**

Ingrediente pentru 2 portii
- 500 g pulpă de capră, dezosată, preparată de măcelar
- 200 ml vin roşu, sec
- 200 ml fond sălbatic
- 6 Data, fără piatră
- 2 linguri. Otet de mere
- 2 linguri. unt limpezit
- 2 Ceapa, ed
- 1 linguriţă de condiment pentru căprioară

Pregătirea

Timp total aprox. 2 ore 40 minute

Prăjiţi pulpa de capră în unt limpezit. Lăsaţi piciorul să se răcească puţin şi apoi sigilaţi-l în folie. Gătiţi într-o baie de apă la 68 de grade timp de aproximativ 2 ore.

Tăiaţi ceapa în beţişoare, tăiaţi jumătate din curmale, tăiaţi cealaltă jumătate felii.

Se caleste incet ceapa in tigaia piciorului. Adauga curmalele tocate.

Se deglasează cu vin roşu, suc sălbatic şi oţet de mere şi se reduce la jumătate. Adăugaţi condimentul de joc şi feliile de curmale.

- **Filet greșit gătit sous vide**

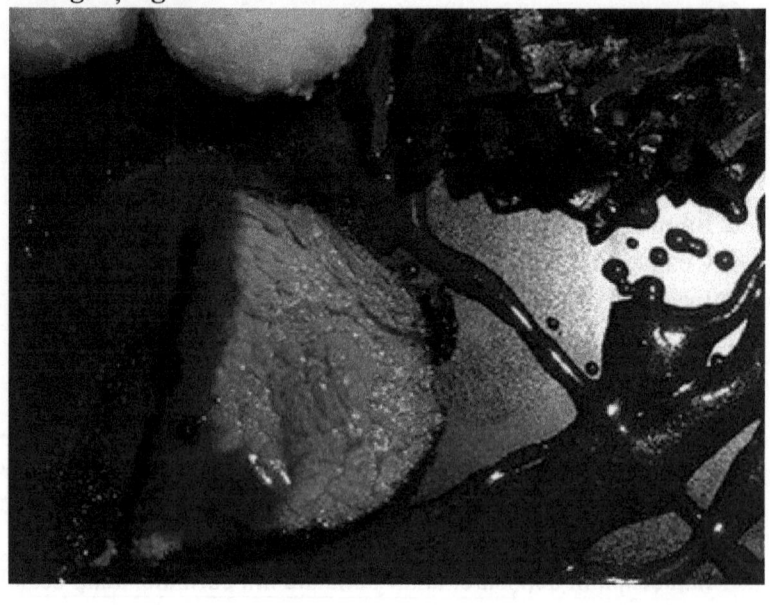

Ingrediente pentru 4 portii
- 1 kg Umăr de vită (file fals)
- 2 linguri. unt
- 2 lingurite de cimbru
- 1 lingurita piper negru
- 2 catei de usturoi

Pregătirea

Timp total aprox. 2 ore 30 minute

Despachetați fileul și uscați. Parăți carnea curat. Frecati cu untul pentru ca ardeiul si cimbrul sa se lipeasca mai bine. Puneți fileul cu usturoiul presat într-un sac de vid și aspirați.

Puneți fileul greșit în dispozitivul sous vide la 54 ° C și lăsați-l acolo timp de două ore.

După două ore, deschideți punga și grătarul pe toate părțile timp de 2-3 minute la foc direct. Dupa gratar, lasam carnea sa se odihneasca aproximativ 3 - 5 minute, dupa care este gata.

Taiate fin, de exemplu ca aperitiv, absolut delicioase.

- **Muschiță de vită gătită sous vide**

Ingrediente pentru 2 portii
- 600 g carne de vită
- 1 praf de sare
- 1 praf de piper
- 2 linguri. Ulei plin
- 1 bucată mică Unt sau unt de plante

Pregătirea

Timp total aprox. 1 oră 29 minute

Luați 2 300 de grame de muschi de vită, ideal de la măcelar. Puteți fie să le aspirați la măcelar, fie să le faceți singur acasă, tot cu ierburi.

Se încălzește o oală cu apă și apoi se așteaptă să fiarbă. Nu uitați să puneți capacul pe el. Imediat ce apa fierbe corect, aceasta are o temperatura de aprox. 100 de grade.

Puneți oala cu capacul de pe plită și așteptați aproximativ 5 minute. Apoi apa are o temperatură între 85 și 90 de grade. Acum puneți carnea în sacul de vid în apă până este acoperită. Puneți capacul înapoi și lăsați să fiarbă timp de 15 minute.

Cu aceasta ajungem la o temperatură centrală de aprox. 50 de grade in carne. După acest timp, scoateți-l din oală și lăsați-l să se odihnească 4-5 minute.

Acum carnea iese din pungă. Il masezi cu ulei si il asezonezi cu sare si piper pe fiecare parte. Lăsați tigaia să se încălzească în același timp și apoi prăjiți sfârșitul redării, aprox. 1,5 minute pe fiecare parte. Acum scoateți tigaia de pe plită și adăugați o bucată de unt (de ierburi). Pentru ca carnea să se frece din toate părțile și lăsați-o să se odihnească din nou.

Acum aranjați pe farfurie și turnați peste untul de plante rămas, dacă este necesar.

- **Cartofi cu yuzu fermentat**

Ingrediente pentru 4 portii
- 700 g cartofi, cu gătit ferm
- 50 g telina
- 50 g morcov
- 1 eşalotă
- 10 g Yuzu, fermentat
- 20 ml supa de legume
- 1 praf de zahar
- Sos de soia

Pregătirea

Timp total aprox. 2 ore 35 minute

Cartofii se curata de coaja, se taie cubulete (aprox. 2 cm marimea), se calesc putin in apa cu sare si se lasa sa se raceasca.

Tăiaţi ţelina, morcovii şi şalota în cuburi foarte fine.

Pune toate ingredientele într-o pungă de vid împreună cu yuzu fermentat, bulionul de legume şi un praf de zahăr. Aplicaţi un vid mediu şi gătiţi la 85 ° C timp de aproximativ 2 ore.

Apoi deschideţi punga şi asezonaţi cu puţină soia yuzu.

- **Sparanghel alb sous vide**

Ingrediente pentru 2 portii
- 800 g sparanghel, alb
- 1 lingurita zahar
- 1 praf de sare
- 50 g unt
- Ierburi

Pregătirea

Timp total aprox. 40 de minute

Curata sparanghelul si taiem capetele. Puneți sulițele de sparanghel într-o pungă, adăugați sare, zahăr și unt și dați vid.

Gatiti pe raftul 3 in programul "Sous vide" la 85°C timp de aprox. 30 de minute în aragazul cu aburi.

Dacă doriți, puteți aspira ierburi precum busuioc, usturoi sălbatic, cimbru, rozmarin sau mentă cu sparanghelul. Dar ai grijă! Experiența gustativă devine destul de intensă.

- **Piept de gâscă sălbatică sous vide**

Ingrediente pentru 4 portii
- 2 Piepți de gâscă declanșați de gâște sălbatice
- 2 linguri de ceai Sare, grosier
- 1 lingurita boabe de piper, negru
- 6 boabe de ienupăr
- 3 Ienibahar
- 200 ml ulei de nucă
- 100 ml vin roșu
- 200 ml fond sălbatic
- Amidon de porumb pentru fixare

Pregătirea

Timp total aprox. 1 oră 25 de minute

Mortare condimentele. Pune câte 1 piept într-o pungă de vid. Adăugați 100 ml de ulei de nuci în fiecare pungă. Aspirați și gătiți într-o baie de apă la 68 de grade timp de aproximativ 1 oră.

Apoi se scoate, se usucă și se prăjește peste tot în tigaie. Se lasa putin sa se odihneasca si apoi se taie.

Intre timp, deglaseaza friptura cu vin rosu si lasa-l sa fiarba putin. Se toarnă bulionul de vânat, eventual se condimentează cu sare, piper și zahăr și apoi se leagă cu amidon de porumb.

- **Iepure sous-vide**

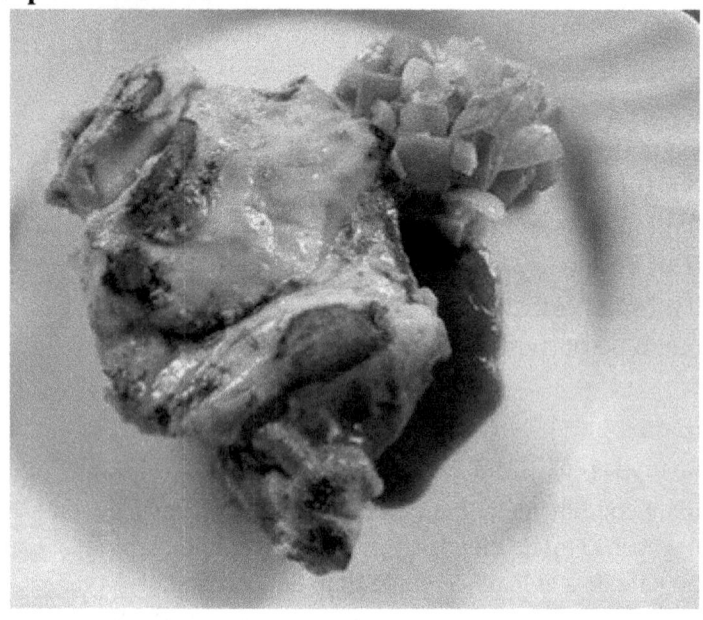

Ingrediente pentru 4 portii

- 4 Picior de iepure
- 1 ceapă
- 3 morcovi
- 1 bar praz
- 1 catei de usturoi
- 1 rădăcină mică de țelină
- Rozmarin
- 2 linguri. ulei de măsline
- Sare si piper

Pregătirea

Timp total aprox. 3 ore 30 minute

Spălați pulpele de iepure și frecați cu hârtie de bucătărie. Se eliberează oasele și se condimentează carnea cu sare și piper.

Curățați ceapa, cățelul de usturoi, morcovii și țelina și tăiați-le în cuburi mici. Tăiați prazul fâșii. Se transpira totul intr-o cratita cu 1 lingura de ulei de masline timp de 3 minute si se lasa sa se raceasca. Adauga rozmarinul dupa bunul plac. Puneți pulpele și legumele într-un sac de vid și aspirați.

Gătiți pulpele de iepure în dispozitivul sous vide la 65 de grade timp de 3 ore.

Lăsați bulionul din pungă să se reducă puțin și puneți-l într-un sos. Prăjiți picioarele în uleiul de măsline rămas. Aranjați legumele din pungă pe farfurii.

- **Pulpă de miel sous vide**

Ingrediente pentru 4 portii
- 1 kg pulpă de miel, dezosată
- Sare si piper
- 1 ramură de rozmarin
- 1 lingura. unt limpezit

Pregătirea
Timp total aprox. 19 ore
Sarați și piperați pulpa de miel dezosată în mod normal din toate părțile, puneți o crenguță de rozmarin în deschiderea osului. Îndoiți carnea, puneți-o într-o pungă de vid potrivită și aspirați.

Preîncălziți aragazul sous vide la 65 ° C, introduceți carnea și gătiți la 65 ° C timp de 18 ore.

După timpul de fierbere, scoateți carnea din pungă, tamponați și prăjiți scurt și energic în unt limpezit. Păstrați cald la 65 ° C sau sudați din nou și reîncălziți la 65 ° C în vasul sous vide dacă este necesar.

Carnea este pur și simplu fragedă.

- **File de crocodil sous-vide**

Ingrediente pentru 4 portii
- 500 g file (file de crocodil)
- 1 Lămâie
- 1 lingura. ulei de lamaie
- 3 linguri. ulei de măsline
- 4 Ceapa primavara, taiata rondele fine
- ½ lămâie, sucul acesteia
- Piper
- Sare
- 1 ramură de rozmarin

Pregătirea
Timp total aprox. 4 ore 30 minute
Se spală fileurile și se usucă.
Se amestecă toate ingredientele pentru marinadă. Puneți fileurile în pungi și acoperiți cu marinada. Tăiați lămâia întreagă în felii subțiri și puneți-le pe fileuri.
Sigilați pungile Sous-vide, dacă este posibil, dați la frigider pentru 1 - 2 ore. Gătiți ușor într-un aragaz sous vide la 80 ° C timp de 3 ore.
Scoateți fileurile din pungi și răzuiți-le grosier. Încinge o tigaie mare cu mult unt.
Se prăjesc doar scurt la foc mare, astfel încât fileurile să devină maro auriu.
Serviți imediat.
Un sos de lămâie și gutui merge bine cu asta.

- **Somon cu crema de branza**

Ingrediente pentru 2 portii

- 250 g somon, congelat
- 200 g smantana dubla
- 2 cani de basmati
- 4 căni de apă
- 1 Lămâie
- 1 pudră de curry

Pregătirea

Timp total aprox. 45 de minute

Când somonul este dezghețat, se usucă puțin și apoi se condimentează. Apoi vine în saci de vid Sous Vide.

Setați aparatul de etanșare cu vid cu o grosime de pește de aprox. 1,5 - 2 cm la 55 ° C timp de 15 minute. Peștele este încă sticlos și nu este uscat după aceea și are un gust grozav.

Practic, cu orezul basmati este important ca acesta sa fie inmuiat aproximativ 15 minute, in functie de cantitate. Apoi trebuie clătit bine până când apa devine limpede și nu mai este lăptoasă. Apoi trebuie pregătit conform instrucțiunilor producătorului. amestecati orezul basmati cu putina coaja de lamaie dupa fiert, a avut un gust foarte racoritor!

Pur și simplu amestecați crema de brânză cu puțină coajă de lămâie și pudră de curry. Avea un gust foarte bun și a mers bine cu somonul.

- **Pulpă de gâscă sous vide**

Ingrediente pentru 4 portii
- 4 Pulpă de gâscă
- 2 Portocaliu
- 2 mere
- Sare si piper

Pregătirea

Timp total aprox. 1 zi 8 ore 40 minute

Se condimentează pulpele de gâscă cu sare și piper. Tăiați coaja de portocale și tăiați felii. Spălați merele, tăiați-le în sferturi, îndepărtați miezul și tăiați-le în bucăți mici.

Puneți pulpele de gâscă, portocalele și merele într-un sac de vid și aspirați. Pune la frigider 1 zi pentru ca pulpele de gâscă să poată trece.

Puneti pulpele cu fructele in aragazul sous vide si lasati-le sa stea 6 ore la 70 de grade. Se lasa apoi la infuzat inca 2 ore la 80 de grade.

Scoateți picioarele din pungă și coaceți până devin crocante la cuptor la 200 de grade. Punem bulionul, portocalele si merele intr-un sos prefacut, amestecam si pasam.

În plus, găluștele de pâine, varza roșie și castanele glazurate au un gust grozav.

- **Piept de gâscă sous vide**

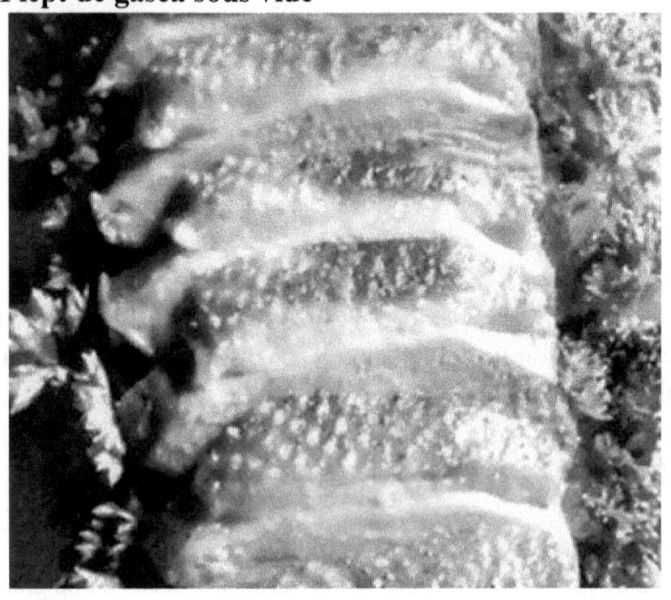

Ingrediente pentru 2 portii
- ½ piept de gasca, aprox. 300 g
- Sare si piper
- Boia de ardei praf, dulce nobil
- Unt clarificat
- 1 eşalotă
- Fondul gâştelor

Pregătirea

Timp total aprox. 12 ore 20 minute

Frecaţi pieptul de gâscă dezosat cu condimentele, aspiraţi în pungă şi gătiţi în baie de apă la 65 de grade timp de 12 ore.

Apoi scoateţi pieptul de gâscă din pungă. Colectaţi lichidul de gătit.

Lasati untul limpezit sa se incinga foarte mult intr-o tigaie. Prăjiţi scurt şi tăios pieptul de gâscă pe marginea casei, scurt pentru a nu se post-găti, scoateţi-i şi păstraţi-i cald.

Se toacă mărunt eşapa, se căleşte într-un set de friptură, se toarnă lichidul de gătit şi eventual supa de gâscă, se lasă să fiarbă puţin, apoi se leagă cu liant de sos sau unt după preferinţă.

- **Roast beef maturat uscat, sous vide**

Ingrediente pentru 4 portii
- 800 g Roast beef maturat uscat, dintr-o bucată
- Condiment în voie

Pregătirea

Timp total aprox. 7 ore 30 minute

Curățați roast beef și sigilați-l într-o pungă de vid. Se încălzește apa la 52 de grade (rar mediu) cu un Sous vide Stick, se lasă carnea într-o baie de apă timp de aproximativ 7 ore.

Scoateți punga de vid și adăugați sucul de carne în garnitură (dacă doriți).

Se condimentează carnea și se prăjește peste tot într-o tigaie. Tăiați în felii aprox. 1 cm grosime și aranjați.

- **Pastrav somon pe pat de legume**

Ingrediente pentru 4 portii
- 1 mare Păstrăv somon filet pe 4 bucăți, carcasele păstrate pentru spate
- 50 g țelină, tocată mărunt
- 50 g morcov, tocat mărunt
- 50 g praz, tocat mărunt
- 2 fasii Curatati coaja de portocala, lata, de 2 ori cu decojitorul
- Pătrunjel
- Tarhon
- Niște coaja de portocală
- 200 ml supa de peste
- 60 ml otet, usor, dulce (otet balsamic de mere)
- 10 boabe de piper, alb
- 4 Ienibahar
- 40 ml vin alb
- 60 ml Noilly Prat
- 4 linguri. Laptele de cocos, ingredientul solid
- 2 cm ghimbir
- 2 tulpini Lemongrass, bucăți
- 5 frunze de tei kaffir
- 3 mari Cartofi dulci
- 2 m. În mărime Cartofi
- Spate
- Sare si piper

Pregătirea

Timp total aprox. 2 ore 50 minute

Mai întâi fileți păstrăvul somon și îndepărtați pielea. Scoateți oasele cu o pereche de clești de pește și asezonați ușor fileurile pe interior cu sare și piper. Se acopera apoi interiorul cu patrunjel, tarhon si coaja de portocala si pune fileurile deoparte.

Se aduce la fiert supa de peste cu otet, vin alb, Noilly Prat, lapte de cocos, condimentele (ienibahar, piper, ghimbir, iarba de lamaie, frunze de tei kaffir) si carcasele de peste si reduceti-le cu aproximativ 15 - 20 de minute.

Intre timp, prajiti usor fasiile de legume cu coaja de portocala in putin unt limpezit si asezonati cu sare si piper.

Pune câteva legume în pungi de vid potrivite, pune pe fiecare câte un file și toarnă niște bulion. Apoi sigilați pungile cu un dispozitiv de vid.

Curățați cartofii dulci și cartofii, tăiați-i bucăți și fierbeți-i la abur timp de aproximativ 30 de minute. Se preseaza apoi printr-o presa de cartofi si se asezoneaza cu un bulion ingrosat, sare si piper si se tine la cald.

Gătiți fileurile de pește într-o baie de apă la 56 ° C timp de 18 minute.

Puneți un piure de cartofi dulci pe farfurii preîncălzite, tăiați un sac, întindeți conținutul pe oglinzi și acoperiți cu supă de pește. Decorați după cum doriți.

- **Spate și picioare de iepure cu stoc**

Ingrediente pentru 2 portii
- 1 spate de iepure sau 2 fileuri de iepure
- 2 Picior de iepure (coapsa de iepure)
- 4 linguri de unt, rece

Pentru lac:
- 1 lingurita boabe de ienupar
- 1 lingurita boabe de piper
- 2 ramuri de cimbru
- Sare

Pentru fond:
- 1 Spatele iepurelui, inclusiv oasele
- 1 bol mic de supă de legume
- 1 ceapă
- 2 linguri. ulei
- 1 frunză de dafin
- 1 lingura boabe de piper

Pentru sos: (Demi-Glace)
- 1 lingura. unt
- 2 Eşalotă
- 1 linguriţă, pastă de roşii grămadă
- 250 ml vin roşu, sec
- 150 ml vin de porto
- 2 ramuri de cimbru
- 50 g unt

Pregătirea

Timp total aprox. 1 zi 9 ore 45 minute

Pune carnea într-o saramură aromată timp de 24 de ore. Aceasta înseamnă că carnea rămâne mai suculentă, păstrează o muşcătură plăcută, este sărată optim şi este uşor aromată.

Cântăriţi carnea şi acoperiţi-o cu cel puţin aceeaşi greutate de apă. Se adaugă 1,75% din greutatea totală a cărnii şi a apei la sare şi se dizolvă în apă. Apăsaţi boabele de ienupăr şi piper şi adăugaţi în apă cu cimbru. Dacă este necesar, cântăriți cu o farfurie pentru a menține bucățile de carne jos.

Scoateți picioarele de iepure din saramură și uscați. Se adauga untul si se aspira pulpele. Gătiți sous vide timp de 8 ore la 75 ° C. Pulpele de iepure pot fi apoi prăjite în puțin unt sau dezosate și prelucrate în continuare.

Scoateți fileurile din spate din saramură și uscați. Asezati folie alimentara de aproximativ 30 cm pe blat. Așezați fileurile unul peste altul în direcții opuse. Așezați capătul subțire pe capătul gros și capătul gros pe capătul subțire, astfel încât să se creeze o șuviță uniformă. Îndoiți folia alimentară și răsuciți capetele astfel încât să se creeze o rolă uniformă. Fileurile trebuie presate strâns împreună, astfel încât să se țină împreună după gătire. Fixați capetele ruloului cu fire, puneți ruloul într-un sac de vid și aspirați. Gătiți sous vide timp de 45 de minute la 58 ° C. Ruladă de file din spate poate fi tăiată și servită frumos după gătire. Părerea nu este necesară.

Preîncălziți cuptorul la 220 ° C pentru partea din spate. Tăiați oasele în bucăți. Curățați supa de legume, în afară de pătrunjel și tocați-le grosier. Ceapa se taie în sferturi. Se amestecă legumele și uleiul și se prăjește la cuptor pentru cca. 30 - 45 de minute până obții un bronz frumos. Posibil se amestecă bine după jumătate de timp. Puneți legumele și oasele într-o cratiță mare. Scoateți resturile de friptură din tavă cu puțină apă și adăugați. Adăugați frunza de dafin, boabele de piper și pătrunjelul. Se umple cu aprox. 2 l de apă, se aduce la fierbere și se fierbe timp de 1,5 - 2 ore. Timpul de gătire poate fi redus corespunzător în oala sub presiune. Strecurați bulionul și stoarceți bine legumele și oasele. Ar trebui să rămână aproximativ 1 litru.

Pentru Demi-Glace, tăiați șalota cubulețe și fierbeți până devine translucid cu puțin unt. Adăugați pasta de roșii și prăjiți câteva minute. Adăugați treptat vinul și vinul de porto și lăsați să fiarbă aproape complet. Adauga supa de iepure si cimbrul si lasa sa fiarba incet pana cand sosul devine cremos. Dacă urmează să fie servit imediat, legați-l cu unt rece ca gheață. Dacă preferați să legați cu făină, puteți rumeni untul într-o cratiță separată până când miroase a nuci, adăugați 1 lingură de făină și prăjiți scurt. Aveți grijă să nu ardeți untul. Completați cu sosul și amestecați constant, astfel încât să nu se formeze cocoloașe. Sosul legat poate fi reîncălzit bine.

- **Salată grecească sous vide**

Ingrediente pentru 2 portii

- 1 castravete
- 2 linguriţe de oţet balsamic, alb
- 3 linguri de zahar
- 2 tulpini marar
- 1 roşii mari
- 200 g branza feta
- ½ ceapă, roşie
- 6 măsline
- Ulei de măsline, bun

Pregătirea

Timp total aprox. 1 zi 15 minute

Curăţaţi castraveţii şi tăiaţi-l în trei părţi. Aspiraţi bucăţile de castraveţi cu oţet balsamic, zahăr şi mărar. Se lasa la frigider 24 de ore.

A doua zi, taiati castravetele in fasii potrivite si asezati-l in mijlocul farfurii. Tăiaţi brânza de oaie la aceeaşi dimensiune şi puneţi-o pe castraveţi. Taiati apoi rosia felii si puneti branza de oaie. Presăraţi puţin piper pe roşie. La final, puneţi ceapa în fâşii subţiri pe turelă. Se ornează cu măsline şi se toarnă ulei de măsline peste salată după dorinţă.

Prin aspirarea castraveţilor capătă un gust mult mai intens. Timpul merită.

- **Carne de vită sous-vide stil picanha**

Ingrediente pentru 4 portii

- 1,2 kg carne de vită
- 3 linguri. ulei de măsline
- 3 ramuri de rozmarin
- 1 unt clarificat
- Sare si piper

Pregătirea

Timp total aprox. 1 zi 1 ora

Pe cât posibil, fileul fiert ar trebui să aibă în continuare stratul de grăsime de 0,5-1 cm grosime, ca la o picanha braziliană. Acesta este tăiat în formă de romb fără a tăia carnea.

Puneti carnea cu uleiul de masline si acele de rozmarin descapate intr-un sac de vid, sigilati si sigilati. Nu adăugați sare. Se încălzește în termalizator la 56 de grade timp de 24 de ore. Scoateți carnea după timpul de gătire, prindeți puțin din sosul care s-a format. Acesta poate fi adăugat la un sos de vin roșu preparat, de exemplu.

Se prăjește carnea în unt clarificat din toate părțile, se condimentează cu piper și sare. Tăiați în cca. Felii de 1 cm grosime peste bob. Interiorul cărnii este roz (mediu).

Există, de exemplu, boabe de slănină, cântecele și crochete sau gratinate de cartofi

- **Pulled porc sous vide în stil asiatic**

Ingrediente pentru 3 portii
- 1½ kg Ceafa de porc fara oase
- 2½ linguriţe pudră cu cinci condimente
- ¼ cană sos hoisin
- 3 linguri. sos de soia
- 3 linguri. Miere
- 2 linguri. Vin de orez (vin de orez Shaoxing)
- 2 linguri. Ghimbir, mai proaspăt, ras
- 2 linguri. Usturoi, presat
- 1 lămâie, coaja acesteia

Pregătirea

Timp total aprox. 20 ore 35 minute

Aveţi nevoie de un aragaz sous vide, un dispozitiv de vid şi un sac de vid. Presupun că puteţi folosi o pungă de congelare foarte densă, dar nu aş avea încredere în densitate.

Dacă aveţi ceafă de porc cu os, fie trebuie să o îndepărtaţi, fie să puneţi două pungi unul peste altul pentru gătit sous vide, astfel încât osul să nu facă o gaură în pungă şi să intre apă în el.

Fie lăsaţi ceafa de porc întreagă, fie tăiaţi-o în cuburi aspre. Avantajul tăierii anterioare este că lungimea fibrelor de carne este deja determinată.

Se amestecă ingredientele rămase pentru marinată şi se amestecă.

Acum tăiaţi o pungă într-o dimensiune suficient de mare pentru gătit sous-vide şi fiţi generoşi. Sudaţi deja o cusătură cu dispozitivul de etanşare în vid şi puneţi carnea în deschiderea pungii.

Turnaţi sosul şi aspiraţi punga - având grijă să nu îndepărtaţi sosul.

Puneţi suficientă apă în aragazul sous vide la 70 ° C. Când temperatura este atinsă, puneţi punga astfel încât să fie complet scufundată. Sfat: adaug mereu apă fierbinte pentru a economisi timp. Lăsaţi carnea într-o baie de apă timp de 20 - 24 de ore.

Între timp, asiguraţi-vă că verificaţi dacă există încă suficient lichid şi, mai ales, dacă punga pluteşte de pe carne din cauza dezvoltării aburului. Dacă da, trebuie să te plângi şi să apeşi sub suprafaţă.

Tacâmuri, cleşti etc. poate fi folosit pentru asta - doar nimic, vă rog, care să țină apa departe de carne, cum ar fi farfurii și altele asemenea.

Opțional: pentru o crustă ușoară, preîncălziți cuptorul la temperatura maximă și încălziți-l pe grătar sau deasupra.

După gătit, scoateți punga, tăiați un colț mic și turnați lichidul scurs într-o cratiță. Scoateți carnea din pungă. Acum este teoretic terminat și poate fi ridicat.

Sau pentru o crustă ușoară, uscați carnea pe exterior. Puneți într-un vas mare rezistent la cuptor și grătar în cuptor până când se formează o crustă ușoară. Apoi tăiați carnea într-un castron mare. Ar trebui să fie foarte ușor. Acum adăugați coaja de lămâie.

Încercați carnea: dacă este prea uscată, adăugați puțin lichid. În caz contrar, fierbeți ușor lichidul scurs pe aragaz.

Pentru a face acest lucru, trebuie să folosiți o spatulă de silicon termorezistentă pentru a amesteca constant și a muta sosul pe fundul oalei, deoarece lichidul conține miere și sos hoisin - ambele tind să se ardă.

Când se obține consistența dorită, sosul poate fi adăugat în carne și amestecat sau servit separat. De obicei le amestec. Amestecul se poate slăbi bine și cu puțină apă.

Acest „Pulled Pork" în stil asiatic este destul de dulce și acum poate fi mâncat în orice fel: pe rulouri de burger, în wrap, tacos etc.

Carnea este deosebit de bună cu ceva crocant, precum și cu puțin acid, cum ar fi ceva încrustat. De exemplu, iau câteva felii de castraveți care au fost înmuiate pentru scurt timp într-un amestec de oțet-apă-zahăr-sare, sau ceapă roșie care au fost feliate cu un praf de sare și zahăr și oțet ușor cu o furculiță, sau salata de varza clasica.

Mi se pare foarte drăguță și porumbul și ceapa primăvară.

Congelarea funcționează ușor imediat după gătitul sous vide. Răciți rapid, re-aspirați și înghețați cât timp sunt încă în pungă în baia de gheață.

Utilizați în aproximativ 4 săptămâni.

Pentru a face acest lucru, dezghețați ușor carnea în frigider timp de 2 zile, apoi puneți-o sub grătar sau prăjiți-o peste tot în tigaie. Acest lucru funcționează numai dacă carnea este rece și, prin urmare, mai fermă decât direct din aragazul sous vide. Apoi ridicați-le și, dacă este necesar, aduceți-le înapoi la temperatura maximă în cuptorul cu microunde sau într-o cratiță.

Cantitatea este pentru 4 persoane - de la 1,5 kg după gătirea sous vide aprox. 1,1 kg - se calculeaza generos si variaza in functie de scop.

- **Ouă sous-vide**

Ingrediente pentru 1 portie
17. 1 ou, marimea L
18. 1 praf sare si piper

Pregătirea

Am setat bățul sous vide la 62 ° C. Apoi puneți oul sau ouăle într-o baie de apă timp de 45 de minute.

La temperatura pe care am setat-o, galbenusul este inca foarte fluid – motiv pentru care poate fi folosit si ca topping pentru paste sau alte preparate. Gălbenușul de ou este mai ferm la cca. 68 ° C și nu curge pe toată farfuria. După gătit, stingeți oul sub apă rece, bateți cu un cuțit și puneți pe farfurie. Rafinați cu sare, piper și alte condimente după cum doriți.

40. Culonat de porc sous vide

Ingrediente pentru 1 portie
- 1 ciocan de porc sau ciocan de porc
- Condiment în voie

Pregătirea

Timp total aprox. 1 zi 5 ore 20 minute

Scotul de porc proaspăt, necurățat, cunoscut și în altă parte sub denumirea de cioț de porc sau în Austria sub denumirea de picior, se spală, se usucă și se pune într-o pungă de vid. Aceasta este urmată de condimente după bunul plac. Îmi place să folosesc un mix de condimente la grătar din ardei gras (picant și dulci), piper, usturoi, sare și puțin zahăr. Apoi aerul este extras pe cât posibil și sacul este sigilat etanș. Folosesc un dispozitiv de vacuum pentru asta (ar trebui să fie posibilă și eliminarea aerului într-un alt mod și sigilarea fermă a pungii. Nu am experiență cu asta.) Acum sacul intră într-o baie de apă timp de 28 de ore la 70 de grade Celsius.

După baie, tija este scoasă din pungă și pielea tijei este tăiată în formă de diamant. Degetul se pune într-o cratiță și se toarnă cu lichidul din pungă. Acum coaja este prăjită crocantă la cuptor la 160 de grade Celsius în aproximativ 45 de minute și s-a terminat un ciocolat fraged, dar crocant.

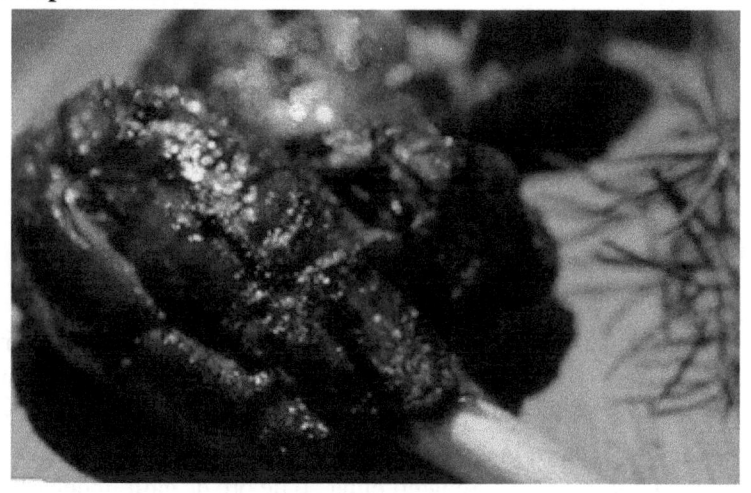

- **Pulpă de miel sous vide**

Ingrediente pentru 6 portii
- 1 pulpă de miel, aprox. 1,5 - 2 kg
- 3 ramuri de cimbru
- 2 Rozmarin
- 1 bucată de unt
- 2 lingurițe de usturoi pudră

Pregătirea

Timp total aprox. 20 de ore și 40 de minute

Se pară pulpa de miel, se freacă cu pudră de usturoi, sare și piper și se pune într-o pungă. Se adauga 2 - 3 crengute de cimbru si rozmarin (de preferat putin mai mult cimbru si putin mai putin rozmarin) si o intepatura buna de unt. Aspirați punga și puneți-o în baia de apă preîncălzită la 57 ° C. Scoateți după 20 de ore de gătit, îndepărtați ierburile și uscați. Acum pune pulpa de miel pe gratarul (sau cuptorul) preincalzit la 300°C cu caldura indirecta si gratarul cca. 8 - 10 minute.

- **Legume boia sub vid**

]

Ingrediente pentru 4 portii

- 3 Ardei gras, rosu, galben, verde
- 1 ramură de rozmarin
- 20 g unt
- Sare si piper

Pregătirea
Timp total aprox. 1 oră 15 minute
Ardeii se curăță de coajă și se taie în bucăți mici. Umpleți împreună cu rozmarin și unt într-o pungă de vid și vid.

Puneți în dispozitivul sous vide la 90 ° C timp de aprox. 60 - 90 de minute. Apoi scoateți din pungă și asezonați cu sare și piper. Aroma totală a ardeilor este păstrată.

Potrivit ca acompaniament gustos pentru tot felul de feluri de mâncare.

- **Fenicul de șofran sous vide**

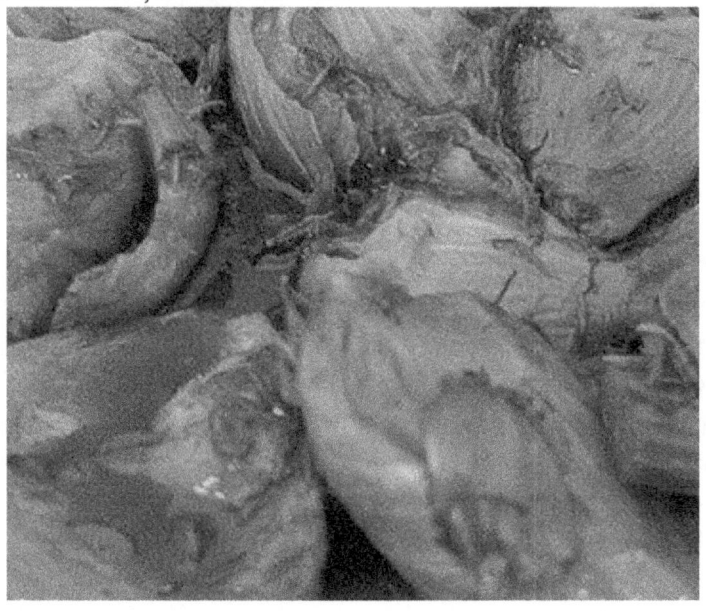

Ingrediente pentru 4 portii
- 2 tuberculi fenicul
- 1 g şofran
- 100 ml supa de pasare
- 20 ml ulei de măsline
- 3 g sare

Pregătirea

Timp total aprox. 3 ore 20 minute

Tăiaţi feniculul pe lungime în felii de aproximativ 6 mm grosime. Acolo unde frunzele atârnă împreună prin tulpină, rezultă felii.

Tulpinile şi părţile exterioare pot fi folosite bine pentru o supă cremă de fenicul.

Aspiraţi feliile împreună cu celelalte ingrediente într-o pungă de vid. Gătiţi într-o baie de apă la 85 ° C timp de 3 ore.

Scoateţi din pungi şi reduceţi stocul de gătit la cca. 1/3 din suma.

O garnitură minunată şi eficientă, de exemplu cu preparate din carne şi peşte.

- **Roast beef cu crusta de nuca**

Ingrediente pentru 4 portii
- 1 kg friptură de vită
- 150 g nuci, tocate
- 1½ linguriță. unt
- 50 g parmezan, feliat fin
- 4 linguri. Ierburi, tocate, mediteraneene
- Sare si piper

Pregătirea

Timp total aprox. 5 ore 30 minute

Asezonați mai întâi friptura de vită cu sare și piper. Apoi sudați în vid. Gătiți friptura de vită la 63 ° C folosind metoda sous vide timp de aproximativ 4 - 5 ore.

Între timp, creați o crustă din nuci, unt, parmezan, ierburi, sare și piper. Cel mai bine este să puneți toate ingredientele amestecate într-o pungă de congelare. În aceasta rulați ingredientele la dimensiunea dorită. Apoi crusta merge la frigider. Mai târziu puteți tăia crusta la dimensiunea potrivită cu un cuțit ascuțit, inclusiv folie. Scoateți folia și distribuiți-o exact pe carne.

Preîncălziți cuptorul la 220°C funcție de grătar cu 20 de minute înainte de servire și la sfârșitul timpului de gătire.

Prăjiți friptura de vită într-o tigaie foarte fierbinte, cu puțină grăsime pe fiecare parte, pentru un timp foarte scurt (30 de secunde).

Scoateți friptura de vită din tavă și puneți-o într-o tavă de copt. Acum pune crusta pe carne. Se da la cuptor si se scoate carnea doar cand crusta este frumoasa si rumenita. Totuși, acest lucru nu durează mult, cel mult 5 minute.

Acum te poți bucura de o friptură de vită roz perfectă cu crustă. B. cu legume de praz si spaetzle.

- File de vită, fără a se prăji

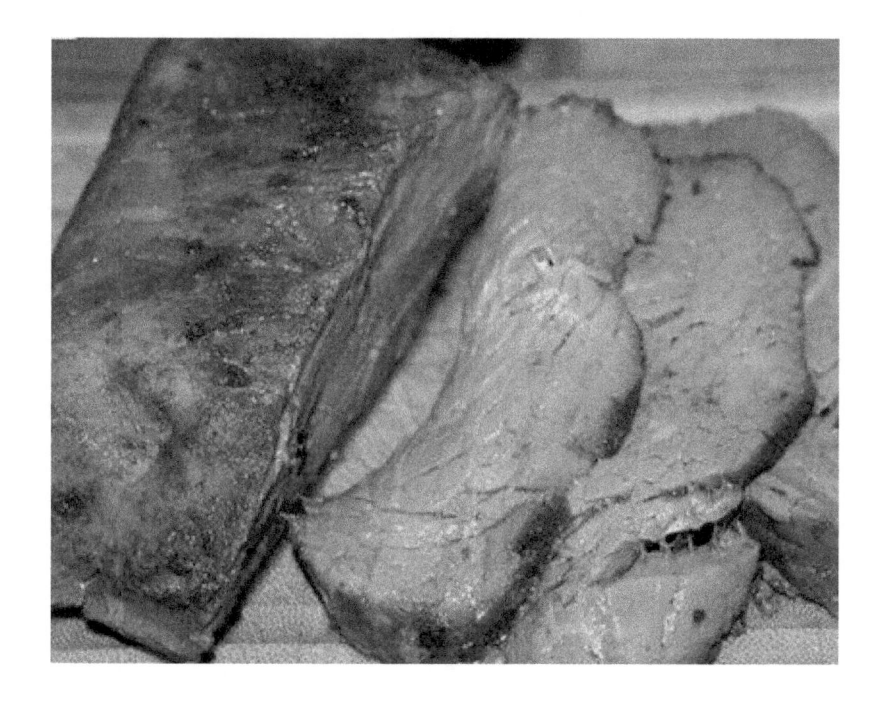

Ingrediente pentru 2 portii

- 400 g file de vita (piesa centrala)
- 1 lingura. sos Worcester
- ½ linguriță Pimentón de la Vera, blând
- 1 lingurita pudra de boia de ardei, picant
- 1 linguriță, grămadă de zahăr brut din trestie
- 1 lingurita, arpagic plin, dr.

Pregătirea

Timp total aprox. 15 ore 10 minute

Puneți fileul într-un sac de vid. Se amestecă toate celelalte ingrediente și se adaugă în pungă. Frecați fileul cu ingredientele din pungă. Apoi aspirați. Cel mai bine este să lăsați fileul la marinat peste noapte.

Scoateți fileul din frigider cu 2 ore înainte de gătit. Preîncălziți un cuptor sous vide adecvat la 55 ° C. Puneți fileul în cuptor timp de 3 ore.

Scoateți din pungă, tăiați și serviți imediat.

- **Friptură de ton pe spanac de cocos**

Ingrediente pentru 2 portii

- 2 fripturi de ton, 250 g fiecare
- 250 g frunze de spanac
- 1 bucată mică de ghimbir, aproximativ 2 cm
- 1 lingura. ulei de măsline
- 3 linguri. ulei de susan
- 1 eşalotă
- 1 lingură, grămadă de seminţe de susan, prăjite
- 100 ml lapte de cocos
- 1 deget de usturoi
- Sare si piper

Pregătirea

Timp total aprox. 55 de minute

Lăsaţi spanacul să se dezgheţe şi să stoarce bine. Curăţă şi rade ghimbirul. Curatati salopa si usturoiul si taiati cubulete mici.

Se încălzeşte uleiul de măsline şi se căleşte şaota şi usturoiul. Adăugaţi spanacul şi fierbeţi timp de 10 minute. Amestecaţi laptele de cocos, uleiul de susan şi seminţele de susan prăjite. Stoarceţi ghimbirul ras şi adăugaţi totul la spanac. Asezonaţi cu sare şi piper.

Gătiţi fripturile de ton aspirate în baia sous vide timp de 40 de minute la 44 de grade Celsius.

Când totul este gata, desfaceţi fripturile de ton, uscaţi şi prăjiţi timp de 30 de secunde pe fiecare parte. Asezonaţi cu sare şi piper.

- **Piept de rață à l'orange**

Ingrediente pentru 2 portii

- 2 piept de rata dezosat
- 1 portocală
- 10 boabe de piper
- 2 ramuri de rozmarin
- 20 g unt
- 20 g unt clarificat
- 1 lingura. sos de soia
- 1 lingura. Oțet de vin alb
- 1 lingura. Miere
- 100 ml vin roşu

Unt pentru prăjit
Sare si piper

Pregătirea

Timp total aprox. 2 ore 45 minute

Spălați pieptul de rață, uscați-i și aspirați-i cu fileuri de portocale, boabe de piper, rozmarin și unt. Puneți într-un dispozitiv sous vide la 66 de grade timp de 90 de minute.

Apoi scoateți din geantă. Colectați și salvați lichidul și alte conținuturi. Scoateți boabele de piper. Tăiați pielea pieptului de rață în formă de romb. Se prăjește pe partea laterală a pielii până devine maronie și crocantă. Scoate pieptul de rata din tigaie si tine-i cald.

Pune portocala, rozmarinul si bulionul din punga in tigaie. Adăugați sos de soia, oțet de vin alb, miere și vin roșu și lăsați să fiarbă. Asamblați cu unt rece dacă este necesar. Sare si piper.

Se asortează cu cartofi ducesă și legume crocante.

- **Sau de miel cu gratinat de cartofi**

Ingrediente pentru 3 portii
- 3 Șa de miel, eliberată (somon de miel)
- 500 g cartofi
- 3 Rozmarin
- 1 cană smântână, aprox. 200 g
- 3 chili
- 1 ou
- Cimbru
- ⅛ litru de lapte
- 3 catei de usturoi
- Sare si piper
- Ulei de măsline

Pregătirea

Timp total aprox. 1 oră 15 minute

Aspirați mai întâi fiecare grătar de miel cu 1 cățel de usturoi, 1 crenguță de rozmarin, puțin cimbru și puțin ulei de măsline. Gătiți aproximativ 60 de minute la 54 ° C sous vide.

Între timp, curățați cartofii, tăiați-i felii subțiri și puneți-i într-o tavă de copt.

Bateți smântâna, laptele și oul și asezonați cu sare și piper. Îmi place să mănânc picant și am adăugat 3 ardei iute mici. Se toarnă lichidul peste cartofi, se întinde brânza deasupra și se împinge forma în cuptor pentru cca. 45 de minute la 200 ° C.

De îndată ce carnea este gata, eliberați-o de vid și prăjiți-o peste tot. Serviți doar.

- **Miel la grătar**

Ingrediente pentru 4 portii

- 2 grătar de miel (coroana de miel)
- 8 Ramura de cimbru
- 2 catei de usturoi
- Ulei de măsline
- Sare si piper

Pregătirea

Scoateți coroanele de miel din frigider, parați și aduceți la temperatura camerei.

Se pune apoi o coroană într-un sac de vid și se condimentează cu ulei de măsline, sare și piper și se adaugă 3 crenguțe de cimbru. Apoi aspirați.

Dacă nu aveți un dispozitiv de aspirare, puteți folosi și următorul truc: Umpleți

un vas cu apă rece. Puneți carnea într-o pungă de congelare normală și păstrați-o sub apă doar atât de mult încât să nu intre apă prin deschidere. Apoi sigilați cu o clemă sub apă - gata.

Apoi puneți mielul aspirat într-o baie de apă și lăsați-l la infuzat aproximativ 25 de minute la 58 de grade.

Scoate mielul din sac. Se fierb crenguțele de cimbru rămase și usturoiul tocat și zdrobit grosier într-o tigaie cu ulei de măsline. Apoi adăugați mielul într-o bucată în tigaie și prăjiți scurt de jur împrejur pentru a obține arome prăjite.

Apoi serviți.

CONCLUZIE

Merită să fie investit în această metodă modernă de gătit pentru gătitul de zi cu zi? Voi împărtăși motivele pentru care cred că sous vide este un instrument practic pentru orice, de la o cină de noapte până la o cină de lux.

Chiar dacă această tehnică poate părea atât de străină și agitată - pungi de plastic? Gadget-uri de înaltă tehnologie? Cine are nevoie de toate astea în bucătărie? Dar avantajele sous vide, atât de cunoscute de restaurante, pot fi și ele de mare ajutor bucătarului de acasă.

Sous vide oferă un control până la grad în bucătărie pentru a oferi cele mai fragede și aromate alimente pe care le-ați mâncat vreodată. Cu aceasta, este foarte simplu să obții rezultate de calitate restaurant de la margine la margine.

Cel mai uimitor motiv pentru mine este simplitatea și flexibilitatea sous vide. Dacă gătești pentru o serie de preferințe alimentare sau alergii, gătitul sous vide poate face viața mai ușoară. De exemplu, puteți găti pui marinat în o mulțime de condimente, precum și pui doar stropit cu sare și piper în același timp, astfel încât diverse categorii de oameni să fie fericiți!